ESTRATÉGIA LOGÍSTICA
EM EMPRESAS BRASILEIRAS
Um enfoque em produtos acabados

ESTRATÉGIA LOGÍSTICA
EM EMPRESAS BRASILEIRAS
Um enfoque em produtos acabados

Peter F. Wanke

Coordenador
Centro de Estudos em Logística, Infra-estrutura e Gestão (CELIG)

Editora dos Editores

Estratégia Logística em Empresas Brasileiras – Um Enfoque em Produtos Acabados

Produção editorial: Triall Editorial Ltda
Estruturação pedagógica: Carol Vieira
Revisão das Referências: Márcio Vasques
Copydesk: Tânia Cotrim
Revisão: Beatriz Teixeira
Diagramação: Triall Editorial Ltda.
Capa: Triall Editorial Ltda

Impresso no Brasil
Printed in Brazil
1ª impressão – 2019

© 2019 Editora dos Editores

Todos os direitos reservados. Nenhuma parte deste livro poderá ser reproduzida, sejam quais forem os meios empregados, sem a permissão, por escrito, das editoras. Aos infratores aplicam-se as sanções previstas nos artigos 102, 104, 106 e 107 da Lei nº 9.610, de 19 de fevereiro de 1998.

ISBN: 978-85-85162-09-2

Editora dos Editores

São Paulo: Rua Marquês de Itu, 408 - sala 104 – Centro.
(11) 2538-3117
Rio de Janeiro: Rua Visconde de Pirajá, 547 - sala 1121 – Ipanema.
www.editoradoseditores.com.br

Este livro foi criteriosamente selecionado e aprovado por um Editor da área em que se inclui. A Editora dos Editores assume o compromisso de delegar a decisão da publicação de seus livros a professores e formadores de opinião com notório saber em suas respectivas áreas de atuação profissional e acadêmica, sem a interferência de seus controladores e gestores, cujo objetivo é lhe entregar o melhor conteúdo para sua formação e atualização profissional.
Desejamos-lhe uma boa leitura!

Dados Internacionais de Catalogação na Publicação (CIP)
(Câmara Brasileira do Livro, SP, Brasil)

Wanke, Peter F.
  Estratégia logística em empresas brasileiras : um enfoque em produtos acabados / Peter F. Wanke ; coordenação do Centro de Estudos em Logística, Infra-estrutura e Gestão (CELIG). -- São Paulo : Editora dos Editores, 2019.
  152 p. : il.

Bibliografia
ISBN 978-85-85162-09-2

1. Logística empresarial 2. Cadeia de suprimentos I. Título II. Centro de Estudos em Logística, Infra-estrutura e Gestão (CELIG)

19-0255   CDU 658.78

Índices para catálogo sistemático:
1. Logística empresarial

*Na casa de meu Pai há muitas moradas;
se não fosse assim, eu vo-lo teria dito.*
(Jo 14, 2)

Sobre o autor

Peter F. Wanke

- Possui Doutorado em Engenharia de Produção pela Universidade Federal do Rio de Janeiro (2003) e Mestrado em Engenharia de Produção pela Universidade Federal do Rio de Janeiro (1998), ambos pelo PEP-COPPE/UFRJ;
- Graduação em Engenharia de Produção pela Universidade Federal do Rio de Janeiro (1996) pela POLI/UFRJ.
- Foi *visiting scholar* do Departamento de Marketing e Logística da Ohio State University (2003).
- Atualmente é Professor Associado IV do Instituto COPPEAD de Administração da Universidade Federal do Rio de Janeiro, onde coordena o Programa de Doutorado.
- É pesquisador *joint appointment* da EBAPE/FGV.
- É *Associate Editor* do periódico Socio-Economic Planning Sciences (Elsevier) e membro do Editorial Board do periódico Tourism Economics (SAGE).
- Possui mais de 120 artigos publicados em journals internacionais com fator de impacto.
- É revisor de mais de 60 periódicos nacionais e internacionais, além de consultor *ad hoc* da CAPES e da Câmara de Fomento à Pesquisa da Pró-reitoria de Pós-graduação e Pesquisa da UFRJ.
- Atualmente é líder do tema Data Science and Analytics in Supply Chain Management no EnANPAD (2018-2020).
- Foi chefe de área temática do EnANPAD no biênio 2006/2007.
- Foi membro do Comitê Científico da área de Gestão de Operações e Logística do EnANPAD de 2014 a 2017.
- Atualmente é coordenador do projeto de Mobilidade Urbana da FAPERJ desde 2015 e bolsista Cientista do Nosso Estado FAPERJ no trienio 2018-2020.
- Foi bolsista do Programa Jovem Cientista do Nosso Estado da FAPERJ.
- É atualmente bolsista em produtividade em pesquisa PQ-2 no CNPq desde 2014. Foi bolsista DTI-A do CNPq no período 01/06/2013 a 31/05/2014 analisando a eficiência dos aeroportos brasileiros.
- Possui experiência na coordenação de projetos de consultoria no âmbito do Centro de Estudos em Logística, Infraestrutura e Gestão (CELIG)/Cátedra Ipiranga de Estratégia de Operações do COPPEAD/ UFRJ.

- Tem experiência na aplicação de técnicas de *business analytics* no apoio à tomada de decisão e *benchmarking* em diferentes áreas da administração como logística, cadeias de suprimento, transportes, infraestrutura, energia, educação e *banking* em diferentes países do mundo.

Prefácio*

Os últimos anos têm registrado um inegável aumento no interesse dos meios acadêmico e empresarial por questões relacionadas à logística e ao gerenciamento de cadeia de suprimentos. No mundo todo, e também no Brasil, discute-se cada vez mais como um adequado gerenciamento da logística e das cadeias de suprimento poderia ser utilizado na criação de vantagem competitiva, seja através da redução de custos, seja através da diferenciação dos serviços prestados aos clientes. Neste livro, apresentamos como as principais características do negócio (produto, operação e demanda) afetam a estratégia logística para produtos acabados.

Espera-se contribuir com empresas e gestores no planejamento e tomada de decisão.

Peter F. Wanke
Coordenador Centro de Estudos em Logística
Instituto Coppead de Administração

Sumário

Capítulo 1 **Estratégia Logística em Empresas Brasileiras** 1

Introdução 1

Capítulo 2 **Organização do Fluxo de Produtos e Estratégia Logística para Produtos Acabados** 5

Logística, gerenciamento de cadeias de suprimento e organização do fluxo de produtos 6

Premissas e paradigmas históricos relacionados à logística e à organização do fluxo de produtos 7

Importância dos *trade-offs* de custos para a organização do fluxo de produtos 10

Impacto da tecnologia de informação na produção e distribuição de produtos 11

Aspectos do serviço logístico 13

Exemplo de estratégia logística — programas de resposta rápida 16

Limitações conceituais dos programas de resposta rápida 21

Estratégia logística para produtos acabados 23

Capítulo 3 **Decisões de Organização do Fluxo de Produtos Acabados** 33

Quadro conceitual 34

Organização do fluxo de produtos acabados 35

Decisões sobre recursos 51

Enfoques estático (transversal) e dinâmico (longitudinal) 63

Capítulo 4 **Operacionalização da Pesquisa de Campo sobre a Organização do Fluxo de Produtos** 71

Processo amostral e erro amostral 72

Estratificação e frações amostrais 73

Tamanho amostral 74

Validade da aproximação pela Distribuição Normal 75

Métodos paramétricos e não paramétricos 76

Construção e validação de escalas 77

Estratégia Logística em Empresas Brasileiras

Validação da pesquisa 78

Projeto do questionário 80

Plano de análise 81

Definição do processo amostral 84

Hipóteses testadas pela pesquisa de campo 96

Estatísticas descritivas da amostra coletada 96

Leituras sugeridas 98

Capítulo 5 **Análise e Síntese da Organização do Fluxo de Produtos Acabados 101**

Análise dos resultados para as decisões sobre a organização do
fluxo de produtos 102

Análise dos resultados para as políticas de organização do fluxo de
produtos 107

Implicações para as decisões sobre a organização do fluxo de produtos 120

Implicações para as políticas na organização do fluxo de produtos 125

Principais resultados 132

Leituras sugeridas 134

Capítulo 6 **Síntese da Pesquisa de Campo 135**

Síntese da pesquisa 136

capítulo 1

Estratégia Logística em Empresas Brasileiras

INTRODUÇÃO

É crescente o interesse dos meios acadêmico e empresarial por questões relacionadas à logística e ao gerenciamento de cadeia de suprimentos. Pelo fato de a logística ser um dos principais processos responsáveis pelo sucesso em cadeias de suprimento, muita confusão com relação ao real significado destes dois termos tem sido feita nos últimos anos. A logística, segundo diversas definições de acadêmicos e práticos, seria a disciplina da administração de empresas preocupada com a organização do fluxo de produtos acabados nas dimensões tempo e espaço, e com o comprometimento de recursos necessários a sua consecução (confira, por exemplo, BOWERSOX et al., 2015).

Gerenciar cadeias de suprimento seria uma tarefa com objetivos substancialmente mais complexos e abrangentes que os objetivos da logística. Envolveria diversos processos na relação entre fornecedores e clientes, além da própria logística: projeto do produto, marketing e vendas, gestão de relacionamentos com os clientes dos clientes e os fornecedores dos fornecedores. Mesmo os mais recentes avanços em tecnologias de informação têm sido incapazes de assegurar o gerenciamento de cadeias de suprimento em sua plenitude e muitas pesquisas ainda serão necessárias até o completo entendimento de sua dinâmica (inter)organizacional.

As análises do fluxo de produtos (visão de processos) e das características do negócio constituem sempre o ponto de partida: a partir delas é que se tomam decisões sobre recursos, e não o contrário. Sob esse prisma, a estratégia logística deve ser pensada a partir de macropolíticas para a organização do fluxo de produtos à luz de determinado conjunto de características do negócio. Teoricamente, os recursos viriam depois, ainda que, na prática, os mesmos possam infligir duras restrições com relação a determinada política para a organização do fluxo de produtos, ou mesmo permitir novas formas de atuação.

EXEMPLO 1

As novas tecnologias de informação levaram a Dell a oferecer uma parcela cada vez maior de serviços em relação à de produtos (*hardware*) como estratégia comercial, resultando em soluções completas e alcançando um mercado com necessidades mais amplas, seguindo os passos das concorrentes, sobretudo Microsoft, IBM e HP.

Os impactos mais evidentes de determinada política para organização do fluxo de produtos acabados são nos níveis de estoque. Considerando o prisma logístico, os níveis de estoque traduzem o que foi "pensado" para a organização do fluxo de produtos acabados nas dimensões tempo e espaço, além de guardar a "impressão digital" de qual estágio da cadeia foi responsável por estas decisões. Ter o produto acabado em estoque (ou não) e mantê-lo centralizado (ou não) são as duas decisões básicas que poderiam ser tomadas em conjunto (ou não) pelos dois principais atores de uma transação comercial: cliente e fornecedor. A materialização, portanto, de determinada política para organização do fluxo de produtos, ocorre através da gestão de estoques e seus desdobramentos nas dimensões tempo, espaço e responsabilidade.

Se, por um lado, o fato de a maior parte da pesquisa em logística ter evoluído em escolas de marketing poderia criar alguma negligência com relação à dinâmica de recursos *versus* fluxos, por outro lado, a visão de marketing proporciona o conceito de segmentação, por diversas vezes ignorado na disciplina de administração da produção. Segmentação de produtos, de mercados, de clientes, de canais de distribuição, por critérios demográficos, geográficos, discricionários etc. No fundo, trata-se da busca de como identificar as características relevantes para uma tomada de decisão e de como agrupar clientes, produtos, políticas e recursos em torno dessas características de modo a maximizar o valor agregado, seja através da redução de custos, seja através da melhoria no serviço.

As transformações no ambiente competitivo são de naturezas distintas: desde os avanços nas tecnologias de informação (Electronic Data Interchange [EDI], Internet, comércio eletrônico, Enterprise Resource Planning [ERP], etc.), passando pela desregulamentação de mercados (globalização, importação, suprimento internacional etc.) e pelo surgimento de novos indicadores de desempenho corporativo (Economic Value Added [EVA], Balanced Scorecard [BSC], etc.) até a sofisticação crescente, e mesmo orgânica, dos padrões de consumo. Em essência, essas transformações implicariam maiores pressões por flexibilidade de volume, de escopo e de tempos de entrega. Dependendo dos produtos, dos canais de distribuição e dos segmentos de mercado considerados, essas pressões poderiam ser mais ou menos homogêneas. A propensão para a segmentação de marketing e de logística aumentaria na medida que produtos, canais e segmentos de mercado deixassem de apresentar necessidades uniformes com relação à flexibilidade de volume, de escopo e de tempos de entrega.

SAIBA MAIS

De acordo com Zipkin (2001), por exemplo, a flexibilidade de volume envolveria a capacidade de mudar o volume de saída da operação; a flexibilidade de escopo envolveria a capacidade de mudar a variedade de SKUs produzidos em um dado horizonte de tempo, e a flexibilidade de tempo de entrega envolveria a capacidade de antecipar datas inicialmente planejadas ou assumidas.

A segmentação logística passa, necessariamente, pela escolha das políticas para a organização do fluxo de produtos, que é a chave da estratégia logística. Mapear o espectro das diferentes políticas para a organização do fluxo de produtos e entender sob quais circunstâncias cada uma dessas políticas consiste, portanto, um passo fundamental em direção à construção de uma estratégia logística para produtos acabados. Em primeiro lugar, porque possibilitaria a adoção do curso de ação mais apropriado com base nas características do negócio, e isso é um dos objetivos fundamentais de qualquer estratégia. Em segundo lugar, porque ofereceria um leque de opções ou cursos de ações mais aderentes em diferentes circunstâncias, a partir das quais seria possível explorar os benefícios econômicos decorrentes da segmentação e estabelecer as bases para criação da vantagem competitiva: adequação de níveis de serviço, menores custos, maiores receitas.

Se compreender a relação entre as características do negócio e as políticas para a organização do fluxo de produtos seria fundamental para uma estratégia logística, compreender o grau de mobilidade entre essas políticas num ambiente em constante transformação também é relevante. Através do entendimento do grau de mobilidade entre políticas, é possível avaliar as barreiras internas e externas à empresa para migrar (ou não) para um maior grau de flexibilidade de volume, tempo e escopo. Além disso, considerando a relevância dos recursos na restrição à mobilidade entre políticas, bem como os fatores externos à empresa que devem ser observados, e por quê?

LEITURAS SUGERIDAS

ALASSE, L. Dell se reposiciona e passa a oferecer serviços, além de hardwares. *Mundo do Marketing*, Rio de Janeiro, 30 jan. 2012. Disponível em: <https://www.mundodomarketing.com.br/reportagens/planejamento-estrategico/22783/dell-se-reposiciona-e-passa-a-oferecer-servicos-alem-de-hardwares.html>. Acesso em: 6 set. 2018.

BOWERSOX, D. J. et al. *Gestão logística da cadeia de suprimentos*. 4ª. ed. Porto Alegre: AMGH; Bookman, 2015. 472 p.

BREMER, C. et al. *Gestão da cadeia de suprimentos: uma jornada empreendedora da prática à teoria*. Rio de Janeiro: LTC, 2015. 156 p.

CAMPOS, L. F. R. *Supply chain: uma visão gerencial*. Curitiba: InterSaberes, 2012. 208 p. (Série Logística Organizacional).

CHRISTOPHER, M. *Logística e gerenciamento da cadeia de suprimentos*. São Paulo: Cengage Learning, 2012. 344 p.

NOVAES, A. G. *Logística e gerenciamento da cadeia de distribuição*. 4ª. ed. Rio de Janeiro: Elsevier, 2014. 424 p.

POZO, H. *Logística e gerenciamento da cadeia de suprimentos*. São Paulo: Atlas, 2015. 200 p.

ZIPKIN, P. *The limits of mass customization*. MIT Sloan Management Review, v. 42, n. 3, p. 81–87, Spring 2001.

capítulo 2

Organização do Fluxo de Produtos e Estratégia Logística para Produtos Acabados

OBJETIVO DO CAPÍTULO

- Apresentar a organização do fluxo de produtos como o principal objetivo da logística, bem como os paradigmas e as premissas dominantes na logística nos últimos 50 anos, os quais contribuíram para moldar as decisões com relação à organização do fluxo de produtos.
- Apresentar a logística como um serviço intensivo em recursos e orientado para a organização do fluxo de produtos.
- Explicitar as diferenças existentes entre os termos logística e gerenciamento de cadeias de suprimento.
- Ressaltar a importância da mensuração dos *trade-offs* de custo e de serviço para a tomada de decisão com relação à organização do fluxo de produtos.
- Sinalizar como as tecnologias de informação poderiam levar ao redesenho dos fluxos de produtos.
- Apontar a necessidade de se "pensar" a estratégia logística para produtos acabados de modo sistêmico, e comentar os pontos fortes e fracos de diferentes quadros conceituais encontrados na literatura.

LOGÍSTICA, GERENCIAMENTO DE CADEIAS DE SUPRIMENTO E ORGANIZAÇÃO DO FLUXO DE PRODUTOS

O gerenciamento de cadeias de suprimentos constitui um desafio que as empresas perseguem há pelo menos 80 anos. Tida historicamente como a base difusora de diversas inovações gerenciais (WOMACK; JONES; ROOS, 2004), a indústria automobilística representaria o padrão de como este desafio gerencial evoluiu ao longo do tempo. De Henry Ford, na época da Primeira Guerra Mundial, com a integração total de suas fontes de suprimento, passando por Alfred Sloan na década de 1930 e pela Toyota nas décadas de 1940 a 1970, até a experiência recente do Consórcio Modular da VW em Resende (década de 1990), diversas transformações moldaram o que atualmente se entende por gerenciamento de cadeias de suprimento.

CONCEITO

A definição mais difundida nos meios acadêmicos e empresariais é aquela segundo a qual o gerenciamento de cadeias de suprimento seria "a gestão dos fluxos correlatos de informações e de produtos que vão do fornecedor ao cliente, tendo como contrapartida os fluxos financeiros." (BALLOU; GILBERT, 2000)

Dentre os diversos processos relevantes para o gerenciamento de cadeias de suprimento, a logística seria fundamental. O sucesso de qualquer arranjo operacional numa cadeia de suprimentos está diretamente relacionado ao componente logístico. Provavelmente, a principal razão para a confusão no meio acadêmico e empresarial sobre as expressões gerenciamento de cadeias de suprimento e logística, é que o primeiro seria muitas vezes percebido como a simples extensão do segundo (LAMBERT; COOPER; PAGH, 1998).

De acordo com a definição proposta pelo *Council of Supply Chain Management Professionals* (CSCMP), a logística seria uma parte componente daquilo que comumente se entende por gerenciamento de cadeias de suprimento. Em suas palavras, a:

> "Logística é a parte do gerenciamento de cadeias de suprimento responsável pelo planejamento, implementação e controle, de modo eficiente e eficaz, do fluxo e armazenagem de produtos (bens e serviços) e informações relacionadas, do ponto de origem até o ponto de consumo, com vistas ao atendimento das necessidades dos clientes." (MICHIGAN STATE UNIVERSITY; COUNCIL OF LOGISTICS MANAGEMENT, 1999)

Já a definição de gerenciamento de cadeias de suprimento, apresentada em 2016 pelo *Global Supply Chain Forum*, está fundamentada em seu entendimento a partir de um conjunto de processos integrados. Em suas palavras, "o gerenciamento de cadeia de suprimentos consiste na integração dos principais processos de negócio a partir do consumidor final para o fornecedor inicial de produtos, serviços e informações que adicionam valor."(WHAT..., 2016) O gerenciamento de cadeias de suprimento seria, portanto, uma tarefa substancialmente mais complexa que a gerência logística do fluxo de produtos, de serviços e informações relacionadas do ponto de origem para o ponto de consumo.

EXEMPLO 1

Tecendo analogias entre "logística" e "cadeia de valor" e entre "cadeia de suprimento" e "sistema de valor", a discussão de Porter (2008) sobre cadeia de valor e sistema de valor poderia ser a base do entendimento de como a logística poderia criar vantagem competitiva numa cadeia de suprimentos, ainda que o referencial teórico utilizado por Porter tivesse seus fundamentos na microeconomia (organização das indústrias) e o atual discurso sobre cadeias de suprimento derive do conceito de canais de marketing e de distribuição (administração de empresas).

PREMISSAS E PARADIGMAS HISTÓRICOS RELACIONADOS À LOGÍSTICA E À ORGANIZAÇÃO DO FLUXO DE PRODUTOS

Ao longo dos últimos 50 anos, firmaram-se algumas premissas e alguns paradigmas relacionados à logística, muitas vezes induzidos por casos de sucesso em contextos específicos. Dentre os paradigmas, caberia destacar:

- Custo total — com a implicação de minimizar o custo total para determinado nível de serviço que se deseja prestar ao cliente;
- Custo da melhoria dos processos (ANTUNES JÚNIOR, 1998) — segundo o qual o aumento da eficiência e da eficácia deveria observar a otimização do fluxo de produtos ao invés da maximização da utilização dos recursos que apoiam este fluxo.

Dentre as premissas, destacam-se o ressuprimento enxuto e a presença local, ou seja, a proximidade junto ao cliente final.

DICA

De acordo com as experiências da Toyota no campo da administração da produção, o ótimo global do sistema seria alcançado através da otimização do fluxo de produtos, e não a partir da otimização dos níveis de utilização dos recursos ao longo do fluxo.

Paradigma do custo total

Foi o primeiro paradigma a ser estabelecido na logística, a partir de diferentes cenários alternativos sobre o fluxo de produtos. O custo total é definido como todos os gastos necessários para desenvolver as necessidades logísticas, além de ser, atualmente, o principal paradigma da logística.

EXEMPLO 2

Considere o paralelo existente entre o conceito de custo logístico total, o conceito de custos da qualidade (JURAN, 1995) e o conceito de custo total da propriedade – *total cost of ownership* (MONCKZA et al., 2011). Todos os três indicariam a necessidade de aumentar a abrangência da mensuração e controle de custos, com o sentido de envolver, dentro de uma visão integrada, todas as possíveis implicações em termos do consumo de recursos para se alcançar determinado objetivo.

O conceito de custo total, apesar de simples em sua essência, não foi aplicado inicialmente no planejamento e controle logístico. Durante muitos anos prevaleceram as práticas contábeis tradicionais, segundo as quais os custos de cada uma das funções logísticas deveriam ser minimizados individualmente, tendo sido direcionados poucos esforços para reduzir o somatório destes custos (GRANT, 2013). Esse conceito, entretanto, abriu as portas para que fossem avaliados como os custos funcionais estariam inter-relacionados. O nível aceitável de gastos incorridos na logística está diretamente relacionado à qualidade de serviço que se deseja prestar. Atingir simultaneamente elevada disponibilidade, bom desempenho operacional e confiabilidade, normalmente envolve um elevado consumo de recursos.

Paradigma da melhoria de processos

O paradigma da melhoria das tarefas teve seu início relacionado aos estudos de Frederick W. Taylor (TAYLOR, 2010), que atacou inicialmente o problema da melhor alocação dos recursos para otimizar a produtividade da empresa. Seus estudos, porém, foram limitados ao homem ou à máquina, subotimizando o sistema global de produção na medida em que o fluxo de produtos foi descartado como objeto de interesse. Por outro lado, de acordo com Shingo (1996), o eixo central das melhorias deveria voltar-se para o processo, ou mais especificamente, para o fluxo de produtos. Neste novo paradigma, concebido no sistema Toyota de produção, é estabelecida uma clara diferença entre os fins (fluxos de produto), diretamente relacionados às melhorias nos processos, e os meios (recursos), que muitas vezes estariam relacionados à melhoria das tarefas.

Premissa do ressuprimento enxuto

O apelo das políticas de ressuprimento enxuto na distribuição tem sido historicamente impulsionado pela difusão de diversos casos de sucesso na indústria e no varejo e por critérios de avaliação do desempenho que não consideram o *trade-off* entre os custos de oportunidade de manter estoques e os gastos com transporte. Esses dois fatores poderiam contribuir para que as empresas não escolhessem a política de ressuprimento mais adequada.

EXEMPLO 3

A desagregação dos custos logísticos na contabilidade legal pode dificultar a mensuração dos custos totais de ressuprimento. Pelas normas contábeis vigentes, as despesas com transporte de distribuição seriam consideradas como despesas administrativas (com lançamento na Demonstração de Resultado do Exercício) e os custos de aquisição dos estoques seriam adicionados aos gastos com transporte de suprimento (com lançamento no Balanço Patrimonial).

Christopher (2012) aponta que, para determinadas características do produto e da demanda, o ressuprimento enxuto não é a política mais apropriada. Como o ressuprimento enxuto consiste na entrega de pequenas quantidades, com maior frequência e no momento exato de sua necessidade, o desafio é encontrar os meios pelos quais essas exigências possam ser satisfeitas sem um indesejável aumento de custos. A opção pelo ressuprimento enxuto pode não ser sempre a mais adequada ou justificável para componentes de baixo custo, ou em situações em que a demanda seja de difícil previsão.

Premissa da presença local

Sob a ótica da premissa local, uma empresa deve manter suas instalações próximas aos clientes, o que indicaria sua capacidade de suprimento (BOWERSOX et al., 2015). Ao longo da segunda metade do século XIX, os serviços de transporte não eram confiáveis e comprometiam a capacidade de uma empresa cumprir os prazos de entrega. Isso levou os compradores à crença de que, a menos que o fornecedor mantivesse estoques em cada região atendida, seria praticamente impossível prestar um serviço adequado (BALLOU, 2003).

Nas últimas duas décadas, as razões econômicas e os riscos associados à premissa da presença local têm sido constantemente reavaliados. Em primeiro lugar, porque os serviços de transporte vêm se aperfeiçoando continuamente, e os tempos de entrega ficaram muito mais previsíveis; em segundo lugar, porque as tecnologias de informação reduziram o tempo necessário para transmitir e processar as necessidades dos clientes. A sistemática queda nos custos de processamento das informações tornou economicamente viável, em alguns casos, o monitoramento em tempo real do transporte de cargas, permitindo a disponibilização de informações precisas sobre o andamento da entrega.

A Figura 2.1 apresenta um esquema explicitando as influências sobre a organização do fluxo de produtos.

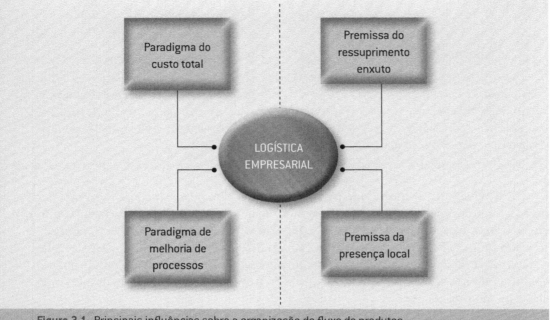

Figura 2.1 Principais influências sobre a organização do fluxo de produtos.
Fonte: elaborada pelo autor.

IMPORTÂNCIA DOS *TRADE-OFFS* DE CUSTOS PARA A ORGANIZAÇÃO DO FLUXO DE PRODUTOS

O mapeamento dos *trade-offs* de custo poderia fornecer importantes subsídios para as decisões logísticas, especificamente no que diz respeito à definição, caracterização, acionamento e acondicionamento do fluxo de produtos. Análises que permitissem a mensuração de quais são os custos relevantes para a consecução de determinada organização do fluxo de produtos seriam fundamentais para o estabelecimento de decisões coerentes ao longo do tempo. No projeto das decisões logísticas, merecem destaque os conceitos de custo total, de custo de oportunidade e de custo incremental (HORNGREN *et al.*, 2014; AMSTEL; AMSTEL, 1987).

O conceito de custo total permite a comparação de decisões relacionadas à organização do fluxo de produtos, sem perder a perspectiva de sistema ou a visão do todo. Um importante componente do custo total para a logística está relacionado aos custos de oportunidade, relativos ao que se deixa de ganhar quando são comprometidos recursos em determinada organização do fluxo de produtos (AMSTEL; AMSTEL, 1987). Os custos de oportunidade podem estar associados não apenas aos investimentos em estoques, instalações ou equipamentos de transporte, mas também à priorização do atendimento de determinados segmentos de produto e de mercado.

DICA: Dependendo da complexidade logística, a operacionalização do conceito de custo total pode não ser uma tarefa trivial. Nesse caso, os custos incrementais referentes, por exemplo, à adição ou à redução de uma unidade ao fluxo de produtos, assumem um papel relevante para a avaliação do *trade-off* de custos. Essa análise incremental pode também ser utilizada na avaliação dos impactos da abertura/fechamento de uma instalação nova/já existente (AMSTEL; AMSTEL, 1987).

De qualquer forma, um elemento subjacente a todas estas questões é a identificação dos custos relevantes para uma determinada tomada de decisão com relação à organização do fluxo de produtos. Ou seja, responder a seguinte questão: como e por que os custos variariam entre um conjunto de alternativas (HORNGREN *et al.*, 2014)? Mais especificamente, como determinada decisão afetaria as outras e qual a relação entre a economia/consumo de recursos advindo de um fluxo de produtos alternativo? O mapeamento das relações entre os custos poderia ser um importante balizador da coerência na definição de determinada organização do fluxo de produtos e dos recursos configurados para sua consecução.

Amstel e Amstel (1987) identificaram diversas decisões logísticas que dependem fundamentalmente da análise dos *trade-offs* de custos envolvidos. Ainda que os *trade-offs* não estivessem formalizados em expressões matemáticas, os exemplos numéricos apresentados seriam particularmente úteis para uma melhor compreensão sobre o comportamento dos custos em função de diferentes alternativas de decisão. As decisões analisadas foram:

- Entrega direta ou entrega via centro de distribuição;
- Seleção do modal de transporte;
- Produção para estoque ou produção contrapedido;
- Determinação do nível de estoque em função do serviço ao cliente que se deseja oferecer.

Lembre-se que, além desses, existem outros *trade-offs* de custo na logística, mas não citaremos todos por gerarem uma lista exaustiva.

IMPACTO DA TECNOLOGIA DE INFORMAÇÃO NA PRODUÇÃO E DISTRIBUIÇÃO DE PRODUTOS

A consolidação da Internet e de outras tecnologias de informação (TI) criaram diversas oportunidades para se repensar a produção e distribuição de produtos, a partir de fluxos de informações mais confiáveis. O acesso em tempo real às necessidades dos clientes ou consumidores finais pode levar à criação de um canal de distribuição direto, não havendo mais intermediários entre clientes e fornecedores. No Brasil, diversas empresas já adotam a TI como apoio ao planejamento e à consecução do fluxo de produtos em diferentes etapas de sua cadeia de valor.

EXEMPLO 4

Um exemplo paradigmático de como a adoção de TI permitiu redesenhar o fluxo de produtos é o caso da Dell Computers, que estabeleceu relacionamentos cooperativos com seus fornecedores a partir da Internet. Através de páginas exclusivas na web, os fornecedores da Dell passaram a acessar a demanda de cada componente em tempo real. Suas previsões de venda deixaram de ser baseadas em dados de faturamento ou expedição, permitindo o planejamento de suas operações de produção e distribuição sem as interferências típicas da recomposição dos níveis de estoque. Segundo Magretta (1998), através desta política a Dell Computers conseguiu evitar que ela e seus fornecedores apresentassem "equipamentos empilhados nos armazéns e nos canais de distribuição". O impacto sobre o fluxo de produtos também foi evidente, por exemplo, nos componentes que não precisam ser montados juntos à CPU para defini-la como produto acabado. É o caso de mouses, teclados e monitores que passaram a ficar centralizados. Os monitores Sony, por exemplo, não passam mais pelas instalações da Dell Computers. São enviados diretamente para o cliente final.

Outro impacto relevante da adoção das TI na produção e distribuição de produtos é verificado na aceleração do processamento de pedidos. A aceleração do processamento de pedidos contribui para a centralização dos estoques, uma vez que torna economicamente viável a compra em quantidades menores. A centralização dos estoques também pode ser favorecida pelo acesso em tempo real às posições de produto em estoque em outros elos da cadeia.

EXEMPLO 5

Em 1996, a Boeing ofereceu aos clientes a possibilidade de verificar preços e disponibilidade de peças de reposição em seu website. Menos de um ano depois, 50% dos clientes já usavam este serviço. Se, por um lado, a venda mensal de peças de reposição cresceu 20% no mesmo período, por outro lado a necessidade dos clientes manterem estoques de segurança diminuiu substancialmente. Uma companhia aérea europeia reporta economia anual de US$ 12 milhões (REBOUÇAS, 2000).

A TI também afeta os transportes e a consolidação de carregamentos, favorecendo a movimentação econômica de quantidades cada vez menores entre empresas.

SAIBA MAIS

Veja exemplos de estudos de casos sobre o impacto da TI na gestão da cadeia de suprimentos no artigo disponível em: http://www.scielo.br/pdf/gp/v14n1/01.pdf. Acesso em 12 set. 2018.

Parece que o redesenho do fluxo de produtos é um dos principais impactos da TI em logística. Segundo pesquisa do Forrester Research Group, empresas de diversos setores da economia estariam redesenhando, se não todo o fluxo de produtos, pelo menos parte dele com base no acesso às necessidades de clientes e fornecedores em tempo real (observe as informações do Quadro 2.1).

Quadro 2.1 Exemplos de reorganização do fluxo de produtos em diversos setores a partir da adoção de tecnologias de informação.

Setor	Atividades
Computação e eletroeletrônico	Fornecimento, produção e distribuição
Automobilístico	Venda de veículos no varejo. Suprimento da linha de produção. Comércio de peças
Farmacêutica e médica	Fornecimento, produção e distribuição
Petroquímica	Venda de petróleo, plástico e produtos químicos
Aeroespacial e defesa	Reposição de estoques militares e venda de componentes
Alimentos e agricultura	Reposição de centros de abastecimento
Produtos para escritório	Vendas e reposição de estoque
Construção	Comércio de material de construção

Uma questão que deve ser colocada neste momento (com base no Quadro 2.1 analisado) é por que em alguns setores o redesenho do fluxo de produtos é mais abrangente do que em outros? Que características intrínsecas aos setores poderiam trazer respostas para esta questão? Pagh e Cooper (1998) e Hoek (1998a e 1998b) exploraram as principais características do negócio que poderiam justificar economicamente uma organização do fluxo de produtos baseada no acesso à demanda real. A presença dessas características talvez explicasse e justificasse maior abrangência na reorganização do fluxo de produtos em diferentes setores. De qualquer forma, neste novo desenho do fluxo de produtos, não mais se objetiva a antecipação às necessidades dos clientes, mas sim a resposta rápida a elas.

ASPECTOS DO SERVIÇO LOGÍSTICO

Segundo Gronroos (1990), um serviço seria uma atividade ou uma série de atividades de natureza intangível que, normalmente, mas não necessariamente, tomaria lugar entre o cliente, o prestador do serviço e seus recursos. A natureza de um serviço seria demarcada por duas características centrais: intangibilidade e simultaneidade entre produção e consumo, dentre outras.

De acordo com a literatura, a intangibilidade é a característica mais frequentemente citada para diferenciar um produto de um serviço. Enquanto os produtos são fabricados, os serviços são executados (veja-se, por exemplo, HESKETT, 1986). Um serviço seria, portanto, um ato que não poderia ser estocado e por isso não envolveria transferência de propriedade do prestador do serviço para o cliente. Já a simultaneidade, por sua vez, implicaria no fato que o prestador do serviço e o cliente necessitam interagir até certo ponto para a consecução do serviço.

A logística constitui o serviço em que recursos são orientados para a consecução de determinada organização do fluxo de produtos entre clientes e fornecedores. Essa perspectiva é reforçada pelo fato da logística apresentar as características centrais de um serviço. Em primeiro lugar, o serviço logístico não pode ser estocado como um produto, já que as capacidades dos recursos de transporte, de armazenamento e de processamento de pedidos não utilizadas em determinado momento são perecíveis (intangibilidade). Em segundo lugar, o objeto do serviço logístico, ou seja, o fluxo de produtos, necessita interagir ao longo do tempo com os recursos para que haja sua consecução (simultaneidade). A produção e o consumo dos serviços logísticos estão intrinsecamente associados na consecução do fluxo de produtos (GEMMEL; VAN LOOY;VAN DIERDONCK, 2013).

Haywood-Farmer (1988) apresenta um modelo, o triângulo dos serviços, (Figura 2.2) para facilitar a compreensão das principais questões relativas ao gerenciamento dos serviços em diversas situações. Os vértices do triangulo caracterizam os serviços intensivos em habilidades técnicas (conhecimento, diagnóstico e assessoria), os serviços intensivos em características pessoais (motivações e identidade pessoal) e os serviços intensivos em recursos (ativos, sistemas, procedimentos e rotinas etc.). De maneira geral, natureza dos serviços apresentaria maior ou menor grau dessas características.

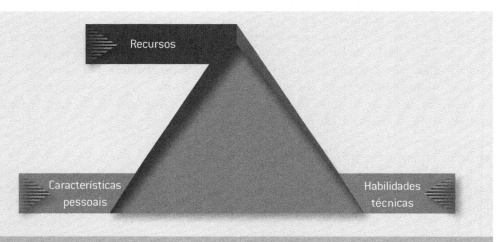

Figura 2.2 Triângulo dos serviços.
Fonte: Haywood-Farmer (1988).

Os serviços logísticos são intensivos em recursos, pois foram desenhados para executar o fluxo de produtos e de informações de modo eficiente e eficaz. Além disso, os serviços logísticos seriam facilmente traduzidos em rotinas, padrões e especificações de nível de serviço, como disponibilidade de produto e tempo de entrega. Sob a perspectiva dos serviços logísticos, as decisões referentes aos recursos e as habilidades técnicas seriam de extrema importância.

Tradicionalmente, o serviço logístico oferecido por fornecedores tem se concentrado nos níveis de disponibilidade e nos tempos de entrega dos produtos (MICHIGAN STATE UNIVERSITY; COUNCIL OF LOGISTICS MANAGEMENT, 1999). Observando detalhadamente o espectro das relações comerciais entre fornecedores e clientes, percebe-se outras alternativas de serviço logístico. Nessas alternativas, o fornecedor ofereceria dimensões adicionais de serviço, como maior frequência de entrega, disponibilização de informações em tempo real sobre o carregamento ou maior facilidade na colocação do pedido. O fornecedor poderia ir além, proporcionando soluções em termos de parametrização e definição de políticas relativas à organização do fluxo de produtos.

DICA

Em acordos do tipo Vendor Managed Inventory (VMI), ou em outras iniciativas de ressuprimento enxuto, o fornecedor é o responsável pela gestão de estoques e previsão das vendas de seus clientes. O fornecedor é o responsável, em suma, pela organização do fluxo de produtos.

Ao utilizar os serviços logísticos como uma ferramenta competitiva, as empresas podem criar barreiras à entrada de novos competidores e/ou custos associados à mudança para seus atuais clientes. Oferecer serviços ampliados, como a parametrização e a definição de políticas para a organização do fluxo de produtos, poderia afastar a concorrência, ao aumentar a complexidade e os custos de entrada.

EXEMPLO 6

Segundo Fleury, Wanke e Figueiredo (2000), o Atacadista Martins, apesar de formalmente classificado como atacadista, poderia ser visto como um prestador de serviços logísticos para o pequeno varejista, oferecendo entrega rápida de uma ampla variedade de produtos, que poderiam ser adquiridos de forma fracionada, em pequenas quantidades, com funcionamento garantido e assistência técnica. Ao oferecer esse pacote de serviços, o Martins criaria enorme valor para o pequeno varejista, que por não dispor de capital de giro enfrentaria enormes dificuldades para garantir disponibilidade e sortimento adequado de produtos. A quantidade mínima de compras e os longos prazos de entrega impostos pela indústria tornaram o custo transacional proibitivo para o pequeno varejista. Dessa maneira, o Martins não só contribuiu para a viabilização do pequeno varejista, mas criou para si próprio um mercado mais sólido e próspero.

EXEMPLO DE ESTRATÉGIA LOGÍSTICA — PROGRAMAS DE RESPOSTA RÁPIDA

Ao longo dos últimos anos, diversas empresas buscaram organizar o fluxo de produtos a partir de iniciativas de ressuprimento enxuto com seus clientes e fornecedores. Através de serviços logísticos específicos que asseguraram maior conectividade na troca de informações entre empresas, foi possível melhorar o desempenho das operações de produção e de distribuição.

Essas iniciativas para a organização do fluxo de produtos com base na estruturação de serviços logísticos diferenciados no elo cliente-fornecedor são comumente chamadas de Programas de Resposta Rápida (PRR) pela literatura. Por exemplo, nos setores têxtil e alimentício da economia norte-americana, formalizou-se um conjunto de decisões sobre recursos e políticas para organização do fluxo de produtos nos moldes de uma agenda setorial. Esse é caso dos programas *Efficient Consumer Response* (ECR) no setor de alimentos e do programa *Quick Response* (QR) no setor têxtil. Existem ainda iniciativas isoladas entre fornecedores e clientes que observam as mesmas ideias e os mesmos princípios destes dois programas. Suas denominações atendem pelas mais variadas siglas VMI, *Continuous Replenishment Program* (CRP) e *Continuous Replenishment* (CR), por exemplo.

Em linhas gerais, os PRR baseiam-se em um ponto em comum: reduzir a dependência da organização do fluxo de produtos com relação às previsões de vendas e aos estoques de segurança. Segundo Vergin e Barr (1999), os PRRs são serviços logísticos alicerçados na cooperação e no compartilhamento de informações entre empresas, especificamente das informações da demanda do cliente. Sua lógica remonta ao paradigma da melhoria de processos e à premissa do ressuprimento enxuto, e persegue como ideal a ser atingido a replicação dos resultados do Sistema Toyota de Produção (STP), conforme descrição em Shingo (1996), no elo definido entre fornecedor e cliente.

SAIBA MAIS — Diversos estudos, como o *ECR Alliances: a best practice model* (JOINT INDUSTRY PROJECT ON EFFICIENT CONSUMER RESPONSE, 1995), apontavam que as cadeias de suprimentos de alimentos e de produtos têxteis tinham níveis de estoque de produto acabado equivalentes a 100 dias de consumo. As principais causas para os elevados níveis de estoque nestas cadeias de suprimentos seriam a propagação e a amplificação da variabilidade da demanda ("efeito chicote"), a partir do consumidor final para o fornecedor inicial.

Originalmente, o STP abrangeu um conjunto de várias ações na produção, na distribuição e em compras com o objetivo de fabricar automóveis ao menor custo possível, tornando-os mais competitivos que os modelos norte-americanos. Partindo de melhorias contínuas na operação e da análise sobre como o fluxo de produtos consumiria mais ou menos recursos de produção e exigiria mais ou menos capital de giro, foi possível mudar o paradigma da otimização das tarefas (equipamentos/recursos) para a otimização dos processos (fluxo de produtos). Por exemplo, no processo de troca de moldes para a prensagem de chapas de aço, foi avaliado que o custo total por peça prensada seria menor na produção de pequenos lotes do que no processamento de lotes imensos.

Segundo Womack, Jones e Roos (2004), dois elementos foram levados em consideração. O primeiro deles seria que a produção de lotes pequenos minimizaria os custos de oportunidade de capital na manutenção de estoques, comparativamente aos sistemas norte-americanos de produção em massa. Ao reduzir o tempo de troca de moldes, o ponto de equilíbrio do *trade-off* entre o custo de processamento do lote e o custo de manutenção de estoques foi deslocado para um patamar inferior. O segundo deles seria o estabelecimento de um círculo virtuoso: a produção de pequenos lotes tornaria mais visíveis os erros de produção, permitindo, por sua vez, adotar iniciativas mais efetivas contra os desperdícios na produção, levando à produção de lotes ainda menores.

Esses princípios básicos foram estendidos gradativamente para outras áreas como, por exemplo, compras e gerência do ressuprimento. Womack, Jones e Roos (2004) abordam como a Toyota desenvolveu uma maneira singular para coordenar o fluxo de peças através dos cartões Kanban, originando o ressuprimento enxuto. Esses cartões acionavam (puxavam) o transporte consolidado de peças em pequenos contêineres, dos fornecedores para a empresa, sempre que necessário. Cabe destacar que, neste caso específico, o aumento nos gastos com transporte (em função de maior frequência nos envios) foi mais do que compensado pela redução no custo de oportunidade de manter estoques, levando o sistema a uma operação com menor custo total, conforme ilustra a Figura 2.3. Viabilizava-se economicamente, portanto, a manutenção dos níveis de disponibilidade de peças através de maior frequência de envios paralelamente à redução nos níveis de estoque.

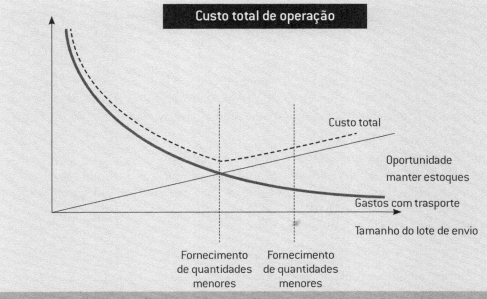

Figura 2.3 Principal *trade-off* de custos no ressuprimento enxuto.
Fonte: Haywood-Farmer (1988).

Conforme observado por Bowersox *et al.* (2015), a difusão de tecnologias de informação, como o EDI, a Internet e diversos sistemas de apoio à tomada de decisão, permitiram que a essência básica do STP fosse readaptada em programas de resposta rápida, respeitando-se as particularidades de cada caso. Assim como o STP, os PRRs também objetivaram reduzir os custos de produção e de distribuição (FIORITO; MAY; STRAUGHN, 1995; LIZ, 1999; VERGIN; BARR, 1999; WALLER; JOHNSON, 1999). Segundo o racional econômico associado a esses programas, o compartilhamento de informações entre as empresas forneceria a base para redução de custos.

SAIBA MAIS

Veja o exemplo de Kiely (1998) sobre como a utilização de *softwares* para planejamento da demanda poderia contribuir para a sincronização das operações numa cadeia de suprimentos.

EXEMPLO 7

Se os fornecedores conhecessem os níveis de estoque em seus clientes, estes últimos poderiam experimentar reduções nos custos de processamento dos pedidos ao delegar ou compartilhar a gestão de estoques com os primeiros. Quanto menores fossem os custos de processamento de pedidos, maior seria a viabilidade econômica para o envio de lotes menores com maior frequência, significando menores níveis de estoque. Para os fornecedores, quanto maior fosse a conectividade no fluxo de informações com seus clientes, os ajustes às variações na demanda poderiam ser mais rápidos.

Lee, Padmanabhan e Whang (1997) apontam que um dos principais ganhos gerados pelos PRRs estão na redução dos níveis de estoque sem afetar o nível de serviço oferecido aos clientes. Outros resultados verificados em clientes envolveriam, segundo Liz (1999):

- Maior giro dos estoques;
- Aumento nos índices de disponibilidade de produto;
- Redução nos custos de armazenagem e na movimentação de produtos;
- Possibilidade de deslocar a responsabilidade pela gestão de estoques para os fornecedores;
- Maior estabilidade na cadeia com redução do efeito chicote.

Nos fornecedores poderiam ser destacados:

- Aumento no percentual de pedidos perfeitos;
- Redução no percentual de devoluções;
- Economias decorrentes de menores oscilações nos níveis de atividade, permitindo melhor utilização da capacidade instalada de produção e distribuição;

- Perspectiva de aumento do volume de vendas, consequência do estabelecimento de um relacionamento mais próximo com seus clientes (WATERS-FULLER, 1996).

No Quadro 2.2, é apresentado um breve resumo sobre os principais PRRs encontrados na literatura. São comentados seus objetivos específicos e as principais decisões relacionadas à organização do fluxo de produtos.

Quadro 2.2 Principais Programas de Resposta Rápida (PRR).

PRR	Descrição
Efficient Consumer Response (ECR)	Estratégia de negócios em que fabricantes do setor de alimentos e supermercadistas comprometem-se com diversas ações para atender às crescentes necessidades dos consumidores finais ao menor custo possível (UCC e FMI). Suas ações estão concentradas em cinco áreas principais: • Transferência e processamento de informações em tempo real — refere-se ao ressuprimento para o varejista, envolvendo a reposição do estoque consumido a partir da transmissão dos dados de venda em tempo real; e a sincronização do processo produtivo no fabricante com base na reposição do estoque consumido. • Gerenciamento de categorias — consiste no agrupamento de produtos que possuíssem as mesmas características mercadológicas com a finalidade de facilitar a definição de metas de vendas e políticas de preços. • Reposição contínua — envolve a definição de níveis máximos e mínimos de estoque, bem como a determinação de pontos de pedidos. • Custeio baseado em atividades — objetiva a quantificação das melhorias operacionais obtidas com o programa e sua tradução em medidas de rentabilidade para o canal. • Padronização — estabelece normas e rotinas para a operacionalização dos fluxos de produtos e de informações, através da uniformização dos meios de transporte, dos procedimentos para liberação e recepção de veículos e da troca eletrônica de dados.
Quick Response (QR)	Tem por objetivo a integração entre fornecedores e varejistas com a finalidade de estabelecer mecanismos mútuos de planejamento e controle da reposição dos estoques. De modo similar ao ECR, é constituído basicamente pela captura de informações de venda em tempo real pelo varejista, pelo envio eletrônico dessas informações para o fornecedor e pelo acionamento do ressuprimento automático definido em comum acordo.
Continuous Replenishment Program (CRP)	Foi uma iniciativa de fabricantes de bens de consumo com o objetivo de criar maior controle sobre os níveis de estoque nos varejistas e permitir maior liberdade para determinação das políticas de reposição. Envolve a conexão do fluxo de informações entre fabricantes e varejistas via EDI, além do desenvolvimento de sistemas para apoio às decisões de reposição, com base nos históricos de vendas, na posição dos estoques e nos carregamentos em trânsito. Necessita da utilização conjunta de TI e sistemas de apoio à decisão, especificamente com relação ao gerenciamento da demanda e à gestão de estoques.

(*Continua*)

Quadro 2.2	Principais Programas de Resposta Rápida (PRR). (Continuação)
PRR	**Descrição**
Vendor Managed Inventory (VMI)	Constitui outra denominação para o CRP, entretanto, o fornecedor tem responsabilidade exclusiva sobre as decisões de reposição. A solicitação de ressuprimento anteriormente disparada pelo varejista passa a ser controlada pelo fornecedor.
Just in Time II (JIT II)	Constitui a extensão lógica do regime de produção *Just in Time* para fora da empresa. Nesse programa, o fornecedor disponibiliza um funcionário para trabalhar junto ao cliente, chamado de *in-plant*, que tem autoridade para conduzir as transações comerciais, identificando necessidades de consumo presentes e futuras e acompanhando tendências de mercado.
Collaborative Planning, Forecasting and Replenishment (CPFR)	Constitui uma extensão do CRP, na qual fabricantes e varejistas compartilham sistemas e o processo de previsão de vendas, visando identificar qual elo da cadeia conduziria previsões de vendas com a maior precisão para determinado produto, em determinada região geográfica, para determinado horizonte de planejamento. Os programas apresentados apresentam diversos pontos em comum, tanto no que diz respeito aos seus objetivos e escopo decisório, quanto à organização do fluxo de produtos e os recursos necessários para sua viabilização.

UCC: *Uniform Code Council*; FMI: *Food Marketing Institute*; TI: tecnologia da informação.
Fontes: Andraski (1994), Bruce (1996), Johnson (1999) e Pragman (1988).

Os CPFR apresentam diversos pontos em comum, tanto no que diz respeito aos seus objetivos e escopo decisório, quanto à organização do fluxo de produtos e os recursos necessários para sua viabilização. Por exemplo, é evidente a forte dependência de TI para coleta, processamento e disponibilização de dados em tempo real, bem como o enfoque na reorganização do fluxo de produtos através de modificações no *modus operandi* da gestão de estoques de produto acabado (reposição de estoques) e gerenciamento da demanda (planejamento e previsão). Além dessas, outras decisões também poderiam estar envolvidas na reorganização do fluxo de produtos acabados entre fornecedores e clientes: decisões sobre transportes, decisões sobre produção e decisões sobre armazenagem.

DICA

A necessidade de reduzir os custos totais de reposição, paralelamente ao controle em tempo real dos níveis de estoque no cliente final, pode levar à adoção de transporte expresso ou *premium*. Em determinadas situações, a produção contrapedido permite a redução dos custos totais, mas em outras, o mesmo objetivo pode ser atingido através da produção para estoque. Exigências do cliente com relação a níveis mínimos de estoque, além de diversos elementos como a duração dos tempos de resposta das operações, o coeficiente de variação das vendas e o custo do produto vendido são fatores decisivos para determinação da política de produção. O redesenho do fluxo de produtos pode levar a maior grau de centralização dos estoques, e consequentemente a um menor número de armazéns.

LIMITAÇÕES CONCEITUAIS DOS PROGRAMAS DE RESPOSTA RÁPIDA

O "efeito chicote" (FORRESTER, 2013), em essência, significa a propagação, amplificada e distorcida, de variações na demanda do consumidor final por todos os estágios da cadeia. Os programas de resposta rápida buscam minorar este efeito indesejável, pelo menos no elo fornecedor-cliente, através de diversas ações na organização do fluxo de produtos que levariam a menores níveis de estoque. Não é para menos que, segundo a literatura, um dos principais indicadores do sucesso de PRRs na minimização do "efeito chicote" é a redução dos níveis de estoque tanto nos clientes quanto nos fornecedores. Menores os níveis de estoque, menores a propagação, a amplificação e a distorção da demanda final.

SAIBA MAIS

A literatura aponta quatro fatores que podem ser, conjuntamente ou não, a causa do "efeito chicote":

- **Natureza das bases de dados** — segundo Mentzer e Bienstock (1998) e Kiely (1998), bases de dados contendo informações sobre o faturamento refletiriam não apenas expectativas com relação às vendas futuras, mas também eventuais recomposições ou ajustes nos níveis de estoque de segurança dos clientes. Segundo Lee, Padmanabhan e Whang (1997), o efeito desta informação distorcida seria maximizado quanto maior fosse o tempo de entrega. O compartilhamento de informações sobre a demanda, paralelamente à redução nos tempos de entrega, poderia contribuir positivamente para minimizar estas distorções.
- **Políticas para consolidação de carregamentos** — diferenças substanciais de custos de frete entre carregamentos fracionados e completos constituiriam um forte incentivo para consolidação do transporte. No entanto, carregamentos consolidados podem, sob determinadas circunstâncias, contribuir significativamente para o alongamento dos tempos de entrega (CLOSS; ROATH, 1998; LEE; PADMANABHAN; WHANG, 1997), implicando na amplificação da variabilidade da demanda. Evidências empíricas levantadas por Bowersox *et al.* (2015) sugerem que nos PRRs o transporte *premium* ou expresso é adotado como forma de encurtar os tempos de entrega.
- **Flutuações de preço** — é prática comum em diversas indústrias a realização periódica de ações promocionais (descontos no preço unitário, descontos por quantidade comprada etc.), além do oferecimento de condições comerciais favoráveis (a dilatação no prazo de pagamento e o pagamento parcelado), as quais seriam uma maneira indireta de oferecer descontos sobre preços nominais. Lee, Padmanabhan e Whang (1997) apontam que, quando são oferecidos descontos, os clientes e consumidores finais tenderiam a comprar quantidades superiores a suas reais necessidades de consumo, mesmo que o diferencial de preço seja inferior ao diferencial dos custos de oportunidade de manter estoques. O encerramento das ações promocionais levaria os clientes a não realizar novas compras até que os níveis de estoques retornassem ao ponto de pedido. Como resultado, o padrão de compra verificado durante o período promocional e o período imediatamente posterior não constituiria uma representação significativa da real atividade comercial.
- **Ressuprimento racionado** — podem também ocorrer situações nas quais a demanda é superior à oferta, estimuladas por informações infundadas e movimentos especulativos de que a capacidade dos fornecedores não é suficiente para atender toda a demanda de seus clientes.

A literatura não é conclusiva com relação a esta questão: enquanto em alguns PRRs os fornecedores experimentaram reduções nos níveis de estoque, em outros PRRs os fornecedores experimentaram aumentos substanciais nos níveis de estoque (HARRISON; VOSS, 1990; ROMERO, 1991). É possível que os benefícios "prometidos" pelos PRRs com relação aos níveis de estoque no fornecedor só sejam verificados se houver aderência entre a nova organização do fluxo de produtos e as características intrínsecas ao seu negócio. Em outras palavras, seriam aderentes as características do fornecedor à reposição automática? De acordo com Inman (1999), a menos que o processo produtivo do fornecedor apresentasse as características adequadas para operar sob a filosofia de ressuprimento enxuto ao cliente, os resultados verificados em termos de custos totais e nível de serviço seriam inferiores aos verificados em regimes tradicionais de ressuprimento.

EXEMPLO 8

Algumas características poderiam tornar os PRRs mais ou menos adequados sob a perspectiva dos fornecedores, como custos de transporte comparativamente elevados com relação ao custo do produto vendido não favoreceriam a reposição automática dos estoques nos clientes; a possibilidade de explorar economias de escala na produção poderia ser antagônica à filosofia de ressuprimento enxuto; ou a implementação dos PRRs poderia desequilibrar os *trade-offs* de custos de modo desfavorável. Em outras palavras, a redução isolada de um componente de custo, como o estoque, não levaria necessariamente à redução do custo total na cadeia, se os outros componentes fossem mantidos.

Percebe-se que os PRRs não são uma resposta definitiva ao "efeito chicote" em todos os estágios da cadeia. Nem a eliminação desse efeito seria a prioridade competitiva de todas as empresas. Em alguns casos, seria mais adequado, em termos de custo e nível de serviço, conviver com esse efeito através de ações, que não a reposição automática, para a sincronização do fluxo de produtos. A adoção de PRRs deveria, portanto, ser avaliada de modo sistêmico, sendo pautada pelo grau de aderência de determinada política para a organização do fluxo de produtos a determinado conjunto de características do negócio. Essa discussão aponta para a necessidade de serem definidos e formalizados quadros ou instrumentos conceituais e modelos quantitativos que apoiem esse tipo de decisão.

DICA

Em essência, o que se busca é a coerência ao longo do tempo entre a organização do fluxo de produtos, os recursos que viabilizam a consecução deste fluxo e as características do negócio.

ESTRATÉGIA LOGÍSTICA PARA PRODUTOS ACABADOS

Nesta última seção do capítulo, você verá a revisão do referencial teórico sobre o que constitui uma estratégia logística para produtos acabados.

Quadro conceitual proposto por Kobayashi

Kobayashi (2000) toma como ponto de partida para a definição de uma estratégia logística os "conteúdos físicos, espaciais e temporais associados aos clientes e destinatários, aos produtos e artigos comerciais e aos estabelecimentos e fornecedores". Com base nessa definição, a estratégia seria determinada pelas seguintes decisões sobre recursos: percursos logísticos, bases logísticas, meios logísticos e sistemas de gestão. O autor reconhece que estas decisões são fortemente interligadas, sendo que se "uma delas sofresse mudança, tornar-se-ia necessário modificar também as outras" (veja a Figura 2.4).

Os percursos logísticos correspondem aos diferentes estágios que compõem os canais de distribuição e através dos quais fluem os produtos acabados. Kobayashi (2000) sugere que sejam feitos esforços, sempre que possível, no sentido de racionalizar os percursos logísticos com base no conceito do serviço a ser oferecido. Isso poderia ser obtido com base nas respostas às seguintes questões: "quais são os verdadeiros clientes e o que eles querem". As bases logísticas, por sua vez, correspondem à rede de instalações da empresa, enquanto os meios logísticos estariam relacionados aos modais de transporte e aos sistemas para colocação e/ou processamento dos pedidos.

Finalmente, os sistemas de gestão abrangem, em sua perspectiva mais ampla, as decisões relativas à centralização da estrutura organizacional e à integração vertical, ao passo que, numa perspectiva mais restrita, englobariam as decisões relativas à reposição dos estoques. Dessas quatro decisões, o autor elege a decisão sobre bases logísticas como o ponto

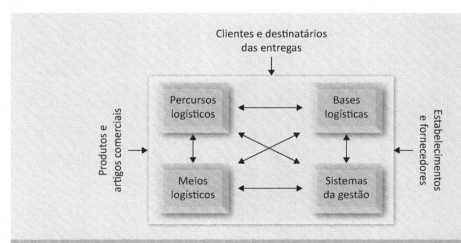

Figura 2.4 Elementos relevantes para o entendimento de uma estratégia logística.
Fonte: Kobayashi (2000).

de partida para a definição da estratégia logística, pois a mesma "às vezes requer grandes investimentos em ativos, como o terreno, os edifícios, as instalações e os maquinários, bem como os equipamentos de informática".

No quadro conceitual proposto pelo autor, são apresentadas três possíveis configurações para as bases logísticas:

- Sistema de entrega direta;
- Sistema de entrega escalonada por um estágio;
- Sistema de entrega escalonada por mais de um estágio.

Deve ser notado que, segundo o autor, a definição das bases logísticas seria fundamental à determinação do percurso logístico, ou seja, dos estágios componentes dos canais de distribuição pelos quais fluiriam os produtos. A definição das bases logísticas também influenciaria as decisões sobre alocação dos estoques e sobre a funcionalidade das instalações. Segundo o autor, "entre as bases logísticas pode-se distinguir aquelas com a presença de estoques e aquelas que, enquanto centros de coligação, não possuem estoque, mas são consideradas somente bases de trânsito". Uma vez definidas as bases logísticas, e tendo em vista o conceito do serviço definido inicialmente, os meios logísticos deveriam ser articulados com os sistemas de gestão. Em outras palavras, busca-se integrar as decisões de transporte, processamento de pedidos e estoques conforme ilustra a Figura 2.5.

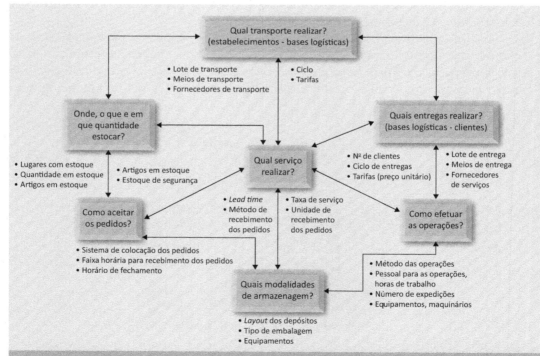

Figura 2.5 Integração das decisões que compõem uma estratégia logística.
Fonte: Kobayashi (2000).

Quadro conceitual proposto por Dornier *et al.*

Dornier et al. (1998) tentam definir o conceito de estratégia de operações e logística, ressalvando que o mesmo "não é trivial, pois enquanto alguns elementos da estratégia têm validade universal e podem ser aplicados a qualquer empresa, independente de sua natureza, outros são altamente dependentes da estrutura, da cultura e do ambiente econômico da empresa". Segundo os autores, a estratégia de operações e logística seria um conceito multidimensional que englobaria todas as atividades críticas de operações e logística da empresa, fornecendo-lhe um sentido de unidade, direção e propósito. Deveria ser, portanto, um padrão de decisões coerente, unificado e integrador, além de apoiar ou viabilizar o desenvolvimento de vantagem competitiva sustentável em longo prazo, por meio da resposta adequada às oportunidades e ameaças no ambiente da empresa.

Segundo os autores, uma estratégia ampla de operações e logística seria composta por 12 categorias de decisão, conforme ilustra o Quadro 2.3. O padrão coletivo de decisões nessas áreas determinaria as capacitações estratégicas em operações e logística. Na tomada de decisão, escolhas devem ser feitas e alguns objetivos deveriam ser atingidos em detrimento de outros. Segundo os autores, um padrão consistente de escolhas que apoiam as prioridades competitivas da empresa criaria uma clara orientação estratégica para a mesma. De modo análogo à proposta de Hayes e Wheelwright (1984), as 12 categorias de decisão são classificadas em estruturais e infraestruturais.

Quadro 2.3 Estratégia de operações e logística.

Estrutura		Infraestrutura	
Grandes categorias de decisão	Assuntos/decisões	Grandes categorias de decisão	Assuntos/decisões
Rede de instalações	Estrutura da cadeia de suprimentos. Número de níveis para cada nível • Número de instalações • Tamanho da instalação • Localização da instalação • Foco da instalação Conexões entre instalações • Fluxos de informação • Padrões de fornecimento	Força de trabalho	Treinamento/recrutamento Sistema de pagamento Segurança do emprego

(*Continua*)

Quadro 2.3 Estratégia de operações e logística. *(Continuação)*

Estrutura		Infraestrutura	
Tecnologia de processo das operações	Equipamento Nível de automação Periodicidade de investimentos	Planejamento e controle das operações	Centralização/descentralização Seleção do canal de distribuição Nível de cobertura dos estoques Localização dos estoques
Tecnologia de processo de logística	Tecnologia de armazenagem/transporte Nível de tecnologia de informação	Qualidade	Programas de melhoria Padrões de controle Medidas
Integração vertical	Nível de integração Direção (para frente/para trás) Balanço de capacidade	Política de transporte	Modais de transporte Subcontratação
		Política de serviço ao cliente	Frequência de entrega Métodos de recebimento de pedido Formação de preços/descontos
		Organização	Estrutura relatórios Grupos de suporte
		Fornecimento	Compras Seleção de fornecedor Fornecedores estrangeiros

Fonte: Dornier *et al.* (1998).

Quadro conceitual proposto por Lambert, Stock e Ellram

Segundo o Marketing Mix, uma estratégia de marketing seria definida com base na ênfase relativa dada a cada uma de quatro variáveis: produto, preço, promoção e praça (os 4 P's). Especificamente, as decisões sobre praça diriam respeito ao estabelecimento de uma política de canais de distribuição que implicaria, dentre outras coisas, na sua estrutura e no conceito do serviço a ser prestado. Uma vez estabelecidos os canais de distribuição e o conceito do serviço, caberia à logística empresarial a missão de garantir seu cumprimento.

DICA

Na proposta de Lambert, Stock e Ellram (1997), o conceito do serviço ao cliente é, não apenas um dos componentes centrais da estratégia de marketing, mas também a principal missão da logística do ponto de vista operacional. Para que o conceito do serviço possa ser cumprido, a logística deve ser tratada como um sistema, ou seja, um conjunto de componentes interligados trabalhando de forma coordenada.

A parte inferior da Figura 2.6 representa, na visão dos autores, o sistema logístico: os retângulos seriam as categorias de decisão e as setas os *trade-offs* de custos entre os mesmos.

Quadro conceitual proposto por Bowersox *et al.*

Bowersox *et al.* (2015) afirmam que as estratégias logísticas seriam determinadas, em parte, pela estrutura do canal de distribuição. Uma empresa deveria planejar e acomodar mudanças na estrutura dos canais de distribuição sempre que fosse necessária a reavaliação de seus objetivos estratégicos. Com base na estrutura dos canais de distribuição, os autores identificaram três tipos possíveis de estratégias logísticas atualmente em curso em empresas norte-americanas. Seriam elas: estratégias baseadas no tempo, estratégias de escala e estratégias combinadas.

As estratégias baseadas no tempo foram viabilizadas nos últimos anos a partir da adoção de TI. Essas estratégias seriam baseadas na produção contrapedido e em maior grau

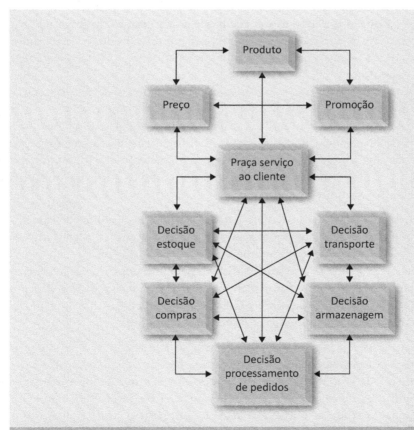

Figura 2.6 Estratégia logística orientada ao marketing mix.
Fonte: Adaptada de Lambert, Stock e Ellram (1997).

de centralização dos estoques (estrutura direta). As estratégias de escala buscariam se apropriar dos benefícios econômicos gerados pela diluição dos custos fixos de produção e de distribuição por um fluxo de produtos mais intenso. Essas estratégias repousariam na produção para estoque e na sua descentralização (estrutura escalonada). Finalmente, estratégias combinadas buscariam gerar a flexibilidade operacional de volume e escopo proporcionada pelas estratégias baseadas no tempo sem, no entanto, abrir mão das vantagens econômicas geradas pelas estratégias de escala.

Limitações do referencial teórico

Algumas limitações são comuns a todas as propostas, outras são específicas a cada proposta. Essas limitações existem na medida que os quadros conceituais se mostram insuficientes para responder, ou simplesmente desconsideram questões relevantes para o entendimento e a formulação de uma estratégia logística para produtos acabados.

Se a logística é de fato a parte do gerenciamento de cadeias de suprimento responsável pelo planejamento, implementação e controle do fluxo de produtos do ponto de origem ao ponto de consumo, como foi elaborada e formalizada a organização do fluxo de produtos nos quadros conceituais apresentados? Como a organização do fluxo de produtos afetaria a configuração dos recursos necessários para que os mesmos fossem operacionalizados no tempo e no espaço?

A questão estratégica, não apenas na logística, mas nas empresas de modo geral, é multifacetada, podendo ser analisada sob diferentes ângulos, todos complementares entre si (MINTZBERG; AHLSTRAND; LAMPEL, 2010). Algumas escolas de pensamento estratégico, como as de planejamento e de posicionamento, seriam de caráter mais positivista. Nessas escolas, analisar a estratégia sob os aspectos transversal e longitudinal é fundamental para seu completo entendimento. Dessa forma, como os quadros conceituais apresentados respondem às seguintes questões:

- Qual é a estratégia logística mais aderente a um determinado conjunto de características do negócio (p. ex., produto, operação e demanda) e quais são os seus impactos em termos de custos e serviço (enfoque estático)?
- Qual é o grau de mobilidade associado a determinada estratégia logística? É fácil mudá-la? Qual o sentido de mudança mais apropriado? Quais são as implicações em termos da organização do fluxo de produtos? E dos recursos que apoiam sua operacionalização no tempo e no espaço (enfoque dinâmico)?

Nos artigos mapeados através da revisão bibliográfica, a organização do fluxo de produtos é desconsiderada como a base da estratégia logística, que é analisada na maior parte das vezes sobre o prisma da rede de instalações, da adoção de TI, do comprometimento com o serviço ao cliente e a formação de parcerias com os fornecedores. Esses elementos ou fatores são apresentados como os fins da estratégia logística e não como os meios que permitem a consecução de dada organização do fluxo de produtos num ponto do tempo ou como os meios que afetam sua mobilidade ao longo do tempo.

LEITURAS SUGERIDAS

AMSTEL, M. J.; AMSTEL, W. Economic trade-offs in physical distribution: a pragmatic approach. *International Journal of Physical Distribution & Materials Management*, [s.l.], v. 17, n. 7, p. 15-54, 1987.

ANDRASKI, J. Foundations for successful continuous replenishment programs. *International Journal of Logistics Management*, [s.l.], v. 5, n. 1, p. 1-8, 1994.

ANTUNES JÚNIOR, J. *Em direção a uma teoria geral do processo na administração da produção: uma discussão sobre a possibilidade de unificação da Teoria das Restrições e da teoria que sustenta a construção dos Sistemas de Produção com Estoque Zero*. 1998. 412 f. Tese (Doutorado em Administração de Empresas) – Programa de Pós-Graduação em Administração da Escola de Administração da Universidade Federal do Rio Grande do Sul, Porto Alegre, 1998.

BALLOU, R. H. *Business logistics management*. 5ª. ed. New York: Prentice Hall, 2003. 816 p.

BALLOU, R. H.; GILBERT, S. M. New managerial challenges from supply chain opportunities. *Industrial Marketing Management*, [s.l.], v. 29, n. 1, p. 7-18, Jan. 2000.

BOWERSOX et al. *Gestão logística da cadeia de suprimentos*. 4ª. ed. Porto Alegre: AMGH; Bookman, 2015. 472 p.

BRUCE, H. Leverage your supply chain technology through synchronization. *Automatic I. D. News*, [s.l.], v. 12, n. 5, p. 30-32, Apr. 1996.

CHRISTOPHER, M. *Logística e gerenciamento da cadeia de suprimentos*: tradução da 4ª. edição norte-americana. São Paulo: Cengage Learning, 2012. 344 p.

CLOSS, D. J.; ROATH, A. S. An empirical comparison of anticipatory and response based supply chain strategies. *International Journal of Logistics Management*, [s.l.], v. 9, n. 2, p. 21-34, 1998.

DORNIER, P. P. et al. *Global operations and logistics: text and cases*. New York: John Wiley, 1998.

FIORITO, S. S.; MAY, E. G.; STRAUGHN, K. Quick response in retailing: components and implementation. *International Journal of Retail and Distribution Management*, [s.l.], v. 23, n. 5, p.12-21, 1995.

FLEURY, P. F.; WANKE, P.; FIGUEIREDO, K. F. (Orgs.). *Logística empresarial: a perspectiva brasileira*. São Paulo: Atlas, 2000. 376 p.

FORRESTER, J. W. *Industrial dynamics*. Eastford: Martino Fine Books, 2013. 482 p.

GEMMEL, P.; VAN LOOY, B.; VAN DIERDONCK, R. *Services management: an integrated approach*. 3ª. ed. London: Pearson, 2013. 544 p.

GRANT, D. B. *Gestão de logística e cadeia de suprimentos*. São Paulo: Saraiva, 2013. 376 p.

GRONROOS, C. *Service management and marketing: managing the moments of truth in service competition*. London: Lexington Books, 1990. 298 p.

HARRISON, A.; VOSS, C. Issues in setting up JIT supply. *International Journal of Operations and Production Management*, [s.l.], v. 10, n. 2, p. 84-93, 1990.

HAYES, R.; WHEELWRIGHT, S. *Restoring our competitive edge: competing through manufacturing*. New York: John Wiley & Sons, 1984. 427 p.

HAYWOOD-FARMER, J. A conceptual model of service quality. *International Journal of Production and Operations Management*, [s.l.], v. 8, n. 6, p. 19-29, 1988.

HESKETT, J. *Managing in the service economy*. Boston: Harvard Business School Press, 1986. 241 p.

HOEK, R. I. Logistics and virtual integration: postponement, outsourcing and the flow of information. *International Journal of Physical Distribution & Logistics Management*, [s.l.], v. 28, n. 7, p. 508-523, 1998a.

HOEK, R. I. Reconfiguring the supply chain to implement postponed manufacturing. *International Journal of Logistics Management*, [s.l.], v. 9, n. 1, p. 95-110, 1998b.

HORNGREN, C. et al. *Introduction to management accounting.* 16ª. ed. New Jersey: Pearson, 2014. 864 p.

INMAN, R. Are you implementing a pull system by putting the cart before the horse? *Production and Inventory Management Journal*, [s.l.], v. 40, n. 2, p. 67-71, second quarter 1999.

JOHNSON, M. Collaboration data modeling: CPFR implementation guidelines. In: *Proceedings of the Annual Conference of the Council of Logistics Management*, 1999.

JOINT INDUSTRY PROJECT ON EFFICIENT CONSUMER RESPONSE. *ECR Alliances: a best practice model.* [s.l.], 1995. 103 p.

JURAN, J. M. *Planejando para a qualidade.* 3ª. ed. São Paulo: Pioneira, 1995. 394 p.

KIELY, D. A. Synchronizing supply chain operations with consumer demand using customer data", *The Journal of Business Forecasting Methods & Systems*, [s.l.], v. 17, n. 4, p. 3-9, Winter 1998.

KOBAYASHI, S. *Renovação da logística: como definir estratégias de distribuição física global.* São Paulo: Atlas, 2000. 250 p.

LAMBERT, D. M.; COOPER, M.; PAGH, J. Supply chain management: implementation issues and research opportunities. *International Journal of Logistics Management*, [s.l.], v. 9, n. 2, p. 1-19, 1998.

LAMBERT, D. M.; STOCK, J. R.; ELLRAM, L. M. *Fundamentals of logistics management.* New York: Irwin; McGraw-Hill, 1997. 640 p.

LEE, H. L.; PADMANABHAN, V.; WHANG, S. The bullwhip effect in supply chains. *Sloan Management Review*, [s.l.], v. 38, n. 3, p. 93-102, Spring 1997.

LIZ, P. CRP investment pays off in many ways. *Drug Store News*, [s.l.], v. 21, n. 2, p. 26, 1999.

MAÇADA, A. C. G.; FELDENS, L. F.; SANTOS, A. M. Impacto da tecnologia da informação na gestão das cadeias de suprimentos: um estudo de casos múltiplos. *Gestão & Produção*, São Carlos, v. 14, n. 1, p. 1-12, jan.-abr. 2007. Disponível em: <http://www.scielo.br/pdf/gp/v14n1/01.pdf>. Acesso em: 13 set. 2018.

MAGRETTA, J. The power of virtual integration: an interview with Dell Computer's Michael Dell. *Harvard Business Review*, [s.l.], v. 76, n. 2 p. 72-84, Mar.-Apr. 1998.

MENTZER, J. T.; BIENSTOCK, C. C. *Sales forecasting management: understanding the techniques, systems, and management of the sales forecasting process.* Thousand Oaks: Sage Publications, 1998. 274 p.

MICHIGAN STATE UNIVERSITY; COUNCIL OF LOGISTICS MANAGEMENT. *21st century logistics: making supply chain integration a reality.* Lombard: Council of Supply Chain Management Professionals, 1999. 264 p.

MINTZBERG, H.; AHLSTRAND, B.; LAMPEL, J. *Safari de estratégia.* 2ª. ed. Porto Alegre: Bookman, 2010. 392 p.

MONCZKA, R. et al. *Purchasing and supply chain management.* 5ª. ed. Boston: Cengage Learning, 2011. 888 p.

PAGH, J. D.; COOPER, M. C. Supply chain postponement and speculation strategies: how to choose the right strategy. *Journal of Business Logistics*, [s.l.], v. 19, n. 2, p. 13-33, 1998. Disponível em: <https://doc.uments.com/g-supply-chain-postponement-and-speculation-strategies-how-to-choose.pdf>. Acesso em: 13 set. 2018.

PORTER, M. *Competitive advantage: creating and sustaining superior performance.* New York: The Free Press, 2008. 600 p.

PRAGMAN, C. JIT II: a purchasing concept for reducing lead times in time-based competition. *Business Horizons*, [s.l.], v. 39, n. 4, p. 54-58, 1988.

REBOUÇAS, L. Negócios em e-Volução. *Exame*, São Paulo, n. 707, p. 93-102, 2000.

ROMERO, B. P. The other side of supply management. *Production and Inventory Management Journal*, [s.l.], v. 32, n. 4, p. 1-3, fourth quarter 1991.

SHINGO, S. *Sistema Toyota de produção: do ponto de vista da engenharia de produção*. Porto Alegre: Bookman, 1996. 291 p.

TAYLOR, F. W. *Princípios de administração científica*. 8ª. ed. São Paulo: Atlas, 2010. 112 p.

VERGIN, R. C, BARR, K. Building competitiveness in the grocery supply chain through continuous replenishment planning: insights from the field. *Industrial Marketing Management*, [s.l.], v. 28, n. 2, p. 145-153, Mar. 1999.

WALLER, M.; JOHNSON, M. Vendor managed inventory in the retail supply chain. *Journal of Business Logistics*, [s.l.], v. 20, n. 1, p. 183-198, 1999.

WATERS-FULLER, N. The benefits and costs of JIT sourcing: A study of Scottish suppliers. *International Journal of Physical Distribution & Logistics Management*, [s.l.], v. 26, n. 4, p. 35-50, 1996.

WHAT is SCM? *Global Supply Chain Forum*, Columbus, 13 Jul. 2016. Disponível em: <https://fisher.osu.edu/centers-partnerships/gscf/what-scm>. Acesso em: 13 set. 2018.

WOMACK, J. P.; JONES, D. T.; ROOS, D. *A máquina que mudou o mundo*. Rio de Janeiro: Alta Books, 2004. 342 p.

capítulo 3

Decisões de Organização do Fluxo de Produtos Acabados

OBJETIVO DO CAPÍTULO

- Apresentar o quadro conceitual utilizado nesta pesquisa para o entendimento da estratégia logística para produtos acabados.
- Reforçar a necessidade de pensar a estratégia logística a partir da organização do fluxo de produtos, dado que a logística é a parte do gerenciamento de cadeias de suprimento que se propõe a este objetivo.
- Mapear os recursos que apoiam a consecução da organização do fluxo de produtos no tempo e no espaço.

QUADRO CONCEITUAL

O quadro conceitual sobre a estratégia logística para produtos acabados, usado como referência neste livro, é apresentado a seguir e está articulado em três elementos fundamentais, conforme você pode observar no Quadro 3.1.

Quadro 3.1 Quadro conceitual de estratégias logísticas.

Serviço que se deseja prestar	Envolve as definições sobre quais seriam os níveis apropriados de disponibilidade de produto, tempo de entrega e a flexibilidade de volume e escopo desejada para atender os clientes.
Decisões sobre a organização de fluxo de produtos	No total de três decisões (Figura 3.1), são a base da estratégia logística para produtos acabados. A combinação das diferentes alternativas de cada uma destas três decisões define seis diferentes tipos ou políticas para organização do fluxo de produtos. São as decisões de mais alto nível da estratégia logística, afetando as decisões sobre recursos.
Decisões sobre os recursos	Refere-se ao conjunto de ativos, sistemas, procedimentos e rotinas que viabilizam a consecução física de determinada política para organização do fluxo de produtos. Os recursos são divididos em três categorias: recursos de produção, recursos de distribuição e recursos de apoio à organização do fluxo de produtos.

Observe a esquematização do conceito proposta na Figura 3.1.

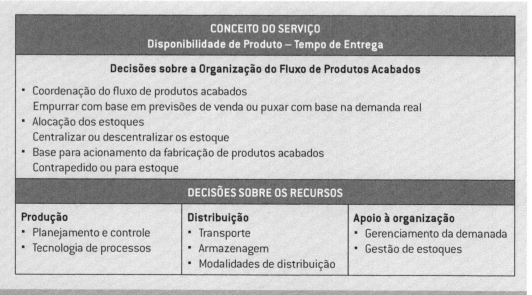

Figura 3.1 Esquema conceitual para entendimento da estratégia logística para produtos acabados.
Fonte: elaborada pelo autor.

Apesar de ser classificada como um recurso (Figura 3.1) e detalhada mais adiante neste capítulo, a tecnologia de processo de produção pode afetar a decisão de produzir para estoque ou contrapedido (KWAN, 1999; ZIPKIN, 2001). Basicamente porque os processos discretos são mais flexíveis que os processos contínuos com relação à postergação do fluxo de produtos no tempo (HAYES; WHEELWRIGHT, 1984; LANDVATER, 1997).

ORGANIZAÇÃO DO FLUXO DE PRODUTOS ACABADOS

Escolher a estratégia logística mais adequada constitui um dos principais mecanismos para a criação de valor e para a obtenção de vantagem competitiva e sustentável em longo prazo nas cadeias de suprimento. Com relação à organização do fluxo de produtos, existiriam fundamentalmente dois caminhos possíveis a serem seguidos. No primeiro, constituindo o núcleo de uma estratégia baseada no tempo, estariam a produção contrapedido e a centralização dos estoques. Os produtos semiacabados permaneceriam centralizados até a colocação do pedido pelo cliente, sendo a produção final e a distribuição iniciadas somente após a colocação do pedido (HOEK, 1998a, 1998b; COOPER, 1993). No segundo caminho, constituindo o núcleo de uma estratégia com ênfase em economias de escala, estariam a produção para estoque e a descentralização dos produtos acabados. Os produtos seriam produzidos e distribuídos para instalações intermediárias em antecipação à demanda real.

A questão que se coloca é como decidir entre estes dois caminhos alternativos na organização do fluxo de produtos, ou mesmo considerar um caminho híbrido, que mescle elementos de flexibilidade de resposta e economias de escala (estratégias combinadas). Em outras palavras, como organizar o fluxo de produtos de modo a minimizar os custos totais para determinado conceito do serviço? Conforme sugere a revisão da literatura, as bases desta escolha deveriam ser condicionadas à análise prévia de diversas características relativas ao produto, à operação e à demanda.

Decisão de alocação dos estoques de produtos acabados

A revisão de literatura aponta que algumas características do produto, da operação e da demanda determinariam a centralização dos estoques, ou sua postergação no espaço. Dentre as características do produto merece destaque a densidade de custos (razão entre o custo do produto vendido e o peso ou volume do produto). De maneira geral, poderíamos afirmar que quanto maior a densidade de custos do produto, maior seria a tendência para centralização de seus estoques (SILVER; PETERSON, 1985), ao passo que quanto menor a densidade de custos, maior seria a tendência para a descentralização dos estoques (BALLOU, 2003; CHRISTOPHER, 1997).

EXEMPLO 1

Quanto menor a densidade de custos, maior será a necessidade de minimizar os custos unitários de distribuição de modo a assegurar a competitividade do produto. A descentralização dos estoques permite a consolidação de carregamentos e a consequente diluição dos custos fixos de distribuição por um maior número de produtos (JAYARAMAN, 1998).

Dentre as características da demanda que afetam a alocação dos estoques estão o giro dos estoques e o coeficiente de variação das vendas (razão entre o desvio-padrão e a média das vendas). Quanto maior o giro, maior será a propensão para descentralização dos estoques, basicamente porque seriam minimizados os riscos associados à obsolescência, perda ou encalhe de produtos. Por outro lado, quando maior o coeficiente de variação das vendas, maior será a propensão para a centralização dos estoques com o intuito de evitar, por exemplo, alocações equivocadas em diferentes instalações (SILVER; PETERSON, 1985; MENTZER; KAHN; BIENSTOCK, 1996; WATERS, 2013; ZINN; LEVY; BOWERSOX, 1989; PAGH; COOPER, 1998).

DICA

Um maior coeficiente de variação das vendas não implica necessariamente maior incerteza, o que é verdadeiro em setores da economia caracterizados por forte sazonalidade: a variação das vendas, apesar de elevada, é previsível. Por outro lado, uma maior incerteza nas vendas, e consequentemente, uma menor capacidade preditiva, tendem a estar associadas a maiores coeficientes de variação das vendas (MENTZER; KAHN; BIENSTOCK, 1996). Dessa forma, não é possível determinar, *a priori*, se o impacto de um elevado coeficiente de variação das vendas na alocação dos estoques deriva de maior incerteza intrínseca ao negócio ou da relação entre as flutuações (previsíveis) no nível de atividade e o nível de utilização dos recursos (p. ex., centros de distribuição) economicamente viável.

Em caso de um maior o giro, as decisões de reposição dos estoques seriam mais próximas do nível de vendas. Isso poderia levar à descentralização na medida em que os riscos para manter estoques sejam mais baixos. Se, por um lado, a distribuição de produtos com baixa densidade de custos deveria ser direcionada para a criação de economias de escala, por outro lado, o impacto da consolidação dos carregamentos no intervalo de tempo entre dois ressuprimentos consecutivos, e consequentemente, no giro dos estoques, tampouco poderia ser desconsiderado (JAYARAMAN, 1998). Dentre as características da demanda, o tempo de entrega para o cliente poderia influenciar a alocação dos estoques (BOWERSOX *et al.*, 2015).

EXEMPLO 2

Suponha uma determinada disponibilidade de produto e dado modal de transporte, tempos de entrega mais curtos e consistentes seriam alcançados através da descentralização dos estoques. O tempo de entrega para o cliente também poderia favorecer à descentralização dos estoques, na medida que fosse viável adiar a execução de determinadas atividades até a colocação do pedido pelo cliente e executá-las em outras instalações mais próximas do mesmo. Sob determinadas circunstâncias, operações finais de mistura, montagem e embalagem poderiam ser postergadas até que houvesse uma definição a respeito de quais *stock keeping units* (SKU) seriam vendidos, eliminando, com isso, os riscos associados à incerteza da demanda futura. Por exemplo, o empacotamento de latas de cerveja em embalagens de 6, 12 e 24 unidades, a mistura final nas lojas de material de construção dos corantes de tintas e a montagem dos acessórios opcionais nos veículos nas concessionárias, constituem casos reais onde atividades do processo produtivo são adiadas até que haja a confirmação definitiva da demanda.

Decisão sobre a base para acionamento da fabricação do fluxo de produtos acabados

A base para acionamento da fabricação envolve a decisão entre produzir para estoque ou produzir contrapedido. Algumas características do produto, da operação e da demanda poderiam auxiliar nesta decisão, conforme indica o Quadro 3.2 (WEMMERLOV, 1984).

Quadro 3.2 Características associadas à produção contrapedido e à produção para estoque.

Característica	Produzir para estoque	Produzir contrapedido
Nível de contato entre a área de produção e o cliente	Baixo	Alto
Tempo de entrega requerido pelo cliente	Curto	Longo
Volume de produção	Alto	Baixo
Coeficiente de variação das vendas	Baixo	Alto
Duração do ciclo de vida do produto	Longo	Curto

Percebe-se que curtos tempos de entrega requeridos levariam à produção para estoque (LI, 1992), ou seja, à antecipação no tempo do fluxo de produtos. Por outro lado, através de um alto nível de contato entre a área de produção e os clientes, os produtos acabados poderiam ser customizados e produzidos contrapedido, a partir de uma configuração básica ou preliminar, de acordo com necessidades específicas. Existiriam duas razões principais à manutenção em estoque de um produto em sua configuração básica. Essas razões consequentemente favoreceriam a postergação no tempo do fluxo de produtos, gerando:

- um menor coeficiente de variação das vendas, já que as vendas agregadas por família são geralmente mais previsíveis que as vendas desagregadas por SKU (efeito denominado de *risk-pooling* – diluição do risco – por SIMCHI-LEVI; KAMINSKY, 2011);
- um menor custo adicionado total por unidade, implicando em menor custo de manutenção de estoques.

Evidências empíricas apresentadas por Stalk Junior (1988); Inman (1999), Cooper (1993); Pagh e Cooper (1998) corroboram a tabela anterior e expandem estas duas razões, ao apontar quatro fatores que deveriam ser observados para a postergação no tempo do fluxo de produtos:

- A razão entre o tempo de entrega do produto acabado para o cliente final e o tempo de entrega da matéria-prima mais crítica a partir do fornecedor (razão entre prazos). Quanto maior essa razão, maior a propensão para a postergação no tempo, conforme ilustra a Figura 3.2.
- O custo do produto vendido (LAMBERT *et al.*, 1997). Pode ser interpretado como o volume de capital de giro necessário para produzir uma unidade adicional. Quan-

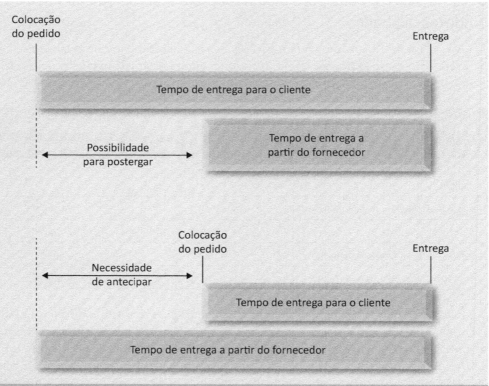

Figura 3.2 Razão entre prazos e a possibilidade de postergação no tempo (produção contrapedido).
Fonte: elaborada pelo autor.

to maior o custo do produto vendido, maior seria a propensão para produzir contrapedido.
- O coeficiente de variação das vendas (PAGH; COOPER, 1998). Assim como na distribuição física, a variabilidade nas vendas contribuiria para a postergação no tempo do fluxo de produtos.
- O grau de perecibilidade e o grau de obsolescência (ABAD, 2003). Quanto maiores a obsolescência e a perecibilidade dos produtos acabados, maior a propensão à produção contrapedido, a fim de serem evitadas perdas de estoque.

DICA Quanto maior for a razão entre prazos, maior será o tempo de entrega dos produtos para o cliente em comparação ao tempo de entrega das matérias-primas pelo fornecedor. Esses elementos podem favorecer a produção contrapedido, na medida em que haveria maior "janela" para a acomodação do tempo de resposta da produção, observando-se os limites do ciclo do pedido.

Proposta de Pagh e Cooper para a organização do fluxo de produtos acabados

Pagh e Cooper (1998) apresentam uma matriz 2 x 2 que contém quatro possíveis políticas alternativas para a organização do fluxo de produtos, obtidas a partir da combinação das decisões de alocação dos estoques e da base para acionamento da fabricação. Essa combinação, como ilustrado na Figura 3.3, poderia refletir:

- Política de antecipação total à demanda no tempo e no espaço (produzir para estoque e descentralizá-lo).
- Política de postergação total à demanda no tempo e no espaço (produzir contrapedido, com estoques centralizados).
- Política de postergação no tempo e antecipação no espaço (produzir contrapedido, com estoques descentralizados).
- Política postergação no espaço e antecipação no tempo (produzir para estoque e centralizá-lo).

SAIBA MAIS Descubra mais algumas informações sobre a política de estoques lendo o artigo disponível em: https://www.portaleducacao.com.br/conteudo/artigos/administracao/politica-de-estoque/65114.

Segundo os autores, cada uma dessas quatro políticas apresentaria vantagens e desvantagens em termos de custos e de flexibilidade de resposta para os clientes finais.

40 Estratégia Logística em Empresas Brasileiras

		Distribuição (espaço)	
		Antecipação estoques descentralizados	Postergação estoques centralizados
Produção (tempo) — Antecipação — Produzir para estoque		Antecipação total à demanda	Postergação no espaço Antecipação no tempo
Produção (tempo) — Postergação — Produzir contrapedido		Postergação no tempo Antecipação no espaço	Postergação total à demanda

Figura 3.3 Políticas para a organização do fluxo de produtos.
Fonte: Pagh e Cooper (1998).

A política de antecipação total à demanda, por exemplo, é mais adotada por empresas. Com base em previsões de venda, todas as operações de produção são realizadas antes da alocação dos produtos aos centros de distribuição. Por sua vez, a alocação seria efetivada antes da colocação dos pedidos pelos clientes finais. Economias de escala na produção e na distribuição seriam a principal vantagem desta política, uma vez que o processamento dos materiais/produtos ocorreria sempre em grandes lotes. Por outro lado, o investimento em estoques seria elevado (o maior dentre as quatro políticas), além de maiores os riscos de obsolescência e os gastos com transferências entre instalações. Produtos de baixa densidade de custo e de alto giro, como os bens de consumo não duráveis, seriam casos aderentes a esta política.

A política de postergação no tempo e antecipação no espaço equivale àquelas descritas por Bowersox *et al.* (2015); Zinn e Bowersox (1988). Os primeiros estágios da produção seriam centralizados, objetivando economias de escala. A antecipação no espaço (distribuição) visaria a alocação dos estoques de produtos semiacabados em diversas instalações próximas ao cliente final como garantia de tempos de entrega aceitáveis.

A principal vantagem dessa política seria a redução do número de SKUs e dos níveis de estoque de segurança nas diversas instalações, ainda que se mantivessem as economias de escala na distribuição. Por outro lado, se verificaria um acréscimo nos custos de produção em função da descentralização e da consequente perda de escala em operações finais como, por exemplo, embalagem, montagem ou mistura. Também espera-se um aumento nos custos de processamento de pedidos em função da necessidade de coordenar a distribuição com os estágios finais da produção. São exemplos desta política a produção de tintas e a produção de óculos.

Na política de postergação no espaço e antecipação no tempo, as operações de manufatura são centralizadas e direcionadas para a formação de estoques a partir de previsões de vendas, sendo executadas anteriormente à distribuição física. As vantagens desta política estariam relacionadas à redução dos níveis de estoque em função da centralização e suas desvantagens a maiores custos de distribuição, em função de um maior número de viagens, carregamentos fracionados e contratação de transporte expresso. As economias de escala na produção seriam preservadas. Essa política é comum em indústrias de processos contínuos.

Na política de postergação total, as operações de produção são totalmente centralizadas e iniciadas contrapedido. A principal vantagem é a redução dos níveis de estoque de matérias-primas, produtos semiacabados e produtos acabados por todos os estágios. Economias de escala na produção seriam praticamente eliminadas, conquanto que em algumas circunstâncias poderiam ser mantidas economias de escala na distribuição através da contratação de prestadores de serviço. Produtos de alto custo e de baixo giro seriam exemplos aderentes a esta política.

A Figura 3.4 resume os *trade-offs* existentes entre cada uma destas políticas. Em linhas gerais, o modelo conceitual proposto por Pagh e Cooper (1998) permite identificar, dadas diferentes características do produto, da operação e da demanda, qual seria a política para a organização do fluxo de produtos mais apropriada.

			Distribuição (espaço)	
			Antecipação estoques descentralizados	Postergação estoques centralizados
Produção (tempo)	Antecipação	Produzir para estoque	• Menores custos de produção • Menores custos de distribuição • Maiores custos de manutenção de estoques	• Menores custos de produção • Maiores custos de distribuição • Menores custos de manutenção de estoques
	Postergação	Produzir contrapedido	• Maiores custos de produção • Menores custos de distribuição • Menores custos de manutenção de estoques	• Maiores custos de produção • Maiores custos de distribuição • Menores custos de manutenção de estoques

Figura 3.4 Principais *trade-offs* entre as políticas para a organização do fluxo de produtos propostas por Pagh e Cooper (1998).

Decisão sobre a coordenação do fluxo de produtos acabados

Christopher (2000) aponta que um dos principais elementos na definição da política para a organização do fluxo de produtos é a visibilidade da demanda, entendida sob o prisma do ponto de desacoplamento da demanda. O ponto até o qual a demanda real penetraria numa sequência de operações, em direção ao fornecedor inicial, é conhecido como ponto de desacoplamento da demanda (*decoupling point*, segundo CHRISTOPHER, 2000) ou ponto de penetração do pedido (*order penetration point*, conforme SHARMAN, 1984).

O autor argumenta que, sob condições bastante específicas, reagir à demanda na produção e na distribuição ou planejar a produção e a distribuição através de previsões de vendas poderiam ser a base da organização do fluxo de produtos mais apropriada. Se o ponto de desacoplamento da demanda estiver localizado no consumidor final, o planejamento total seria necessário, pois não haveria outro instrumento para tomada de decisão além das previsões de vendas. Por outro lado, se o ponto de desacoplamento da demanda estiver localizado no fornecedor inicial, a reação total seria possível, pois todos os estágios da cadeia compartilhariam a mesma informação sobre a demanda real. Conforme ilustra a Figura 3.5 na parte superior, a demanda real penetra diretamente na produção e a maior

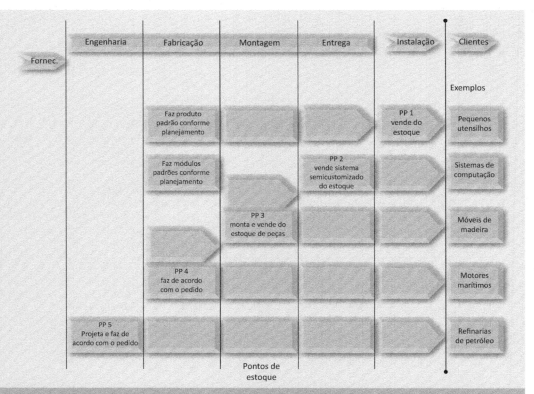

Figura 3.5 Pontos de desacoplamento da demanda.
Fontes: Sharman (1984) e Christopher (2012).

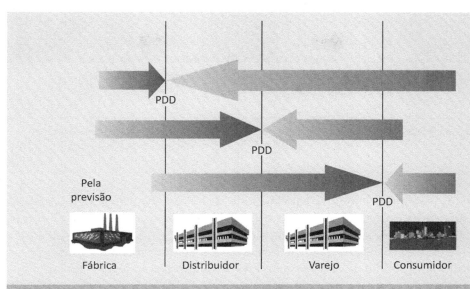

Figura 3.5 (*cont.*) Diagrama exemplificando a política de organização do fluxo de produtos acabados Empurrar/Descentralizar/Para estoque.
PDD: Ponto de Desacoplamento da Demanda.

parte dos estágios reage à demanda. Na parte inferior da mesma figura, a demanda real só é visível na parte final da cadeia. Dessa forma, sua maior parte planeja as operações.

Além da questão da visibilidade da demanda, também deveriam ser observados os tempos de entrega na decisão de planejar ou reagir à demanda.

EXEMPLO 3

Tempos de entrega mais longos, paralelamente à visibilidade da demanda, certamente viabilizariam a reação à demanda real. Por outro lado, tempos de entrega mais curtos, em circunstâncias em que não há visibilidade da demanda, certamente levariam ao planejamento por previsões de vendas.

A escolha entre planejar ou reagir não é tão simples quando são consideradas as diferentes combinações entre maior/menor tempo de entrega e visibilidade da demanda, sendo necessária uma análise mais profunda (Quadro 3.3).

Quadro 3.3 Tempo de entrega, visibilidade da demanda e escolha entre planejar ou reagir à demanda.

	Tempo de entrega curto	Tempo de entrega longo
Existe visibilidade da demanda	Analisar características do produto, da operação e da demanda – provavelmente planejar	Reagir à demanda real
Não existe visibilidade da demanda	Planejar por previsões de vendas	Analisar características do produto, da operação e da demanda – provavelmente reagir

Quando o tempo de entrega é curto e existe visibilidade da demanda, é necessário planejar, mas talvez existiriam oportunidades para reagir à demanda na produção ou na distribuição. Por outro lado, quando o tempo de entrega é longo e não existe visibilidade da demanda, deve-se reagir à demanda, entretanto, poderiam existir condicionantes para o planejamento por previsão na distribuição ou na produção. São nessas circunstâncias que poderiam emergir condições favoráveis para combinações do tipo produzir contrapedido/descentralizar e produzir para estoque/centralizar.

EXEMPLO 4

O processo de produção e distribuição de tintas apresenta curtos tempos de entrega e possui visibilidade da demanda. Em princípio, todas as operações apresentariam uma lógica de planejamento, mas isso não impede, no entanto, que a mistura no varejo de materiais de construção observe uma lógica de reação à demanda e apenas as operações anteriores observem uma lógica de planejamento.

De acordo com diversos autores (dentre eles CHRISTOPHER, 2000; DE LEEUW; VAN GOOR; VAN AMSTEL, 1999), a noção (perspectiva) de reagir ou planejar o fluxo de produtos está diretamente relacionada ao estágio da cadeia, ou ao conjunto de operações responsável por sua coordenação. Ou seja, se é o estágio posterior (mais próximo do cliente ou consumidor final) ou se é o estágio anterior (mais próximo do fornecedor inicial). A reação à demanda teria seu início no estágio posterior, onde seria originada e transmitida a informação para o estágio anterior apontando a necessidade de ressuprimento. Por outro lado, o planejamento teria seu início no estágio anterior, com base em estimativas, das necessidades de consumo futuras do estágio posterior.

Um segundo ponto a ser observado na reação ou no planejamento do fluxo de produtos seria a quantidade de produto a ser movimentada entre os estágios. Essa quantidade poderia ser igual ou desvinculada das necessidades reais ou estimadas. Exemplos de reação com a movimentação de quantidades iguais às necessidades reais do estágio posterior seriam as políticas de estoque zero, como os regimes de produção *Just in Time* e o ressuprimento enxuto na distribuição.

Por outro lado, exemplos de reação com a movimentação de quantidades desvinculadas das necessidades reais do estágio posterior seriam as políticas de lote econômico, de nível de reposição e de ponto de pedido. Com relação ao planejamento, se as quantidades de produtos movimentadas forem iguais às necessidades estimadas, há as políticas de planejamento das necessidades líquidas, como o *Manufacturing Resource Planning* (MRP) e o *Distribution Requirements Planning* (DRP). Se as quantidades forem desvinculadas, haveria sistemas que movimentam a previsão do consumo para o próximo período, acrescida de uma margem de segurança. Este seria o caso de operações de único período (WATERS, 2013), como a produção de ovos de Páscoa e a distribuição de jornais.

Quando há a movimentação de quantidades superiores às necessidades reais realiza-se um movimento de antecipação. A antecipação é possível pela reação (puxar) ou pelo planejamento (empurrar) do fluxo de produtos. Já a postergação, ou seja, a movimentação de quantidades iguais às necessidades reais, só seria possível pela reação. Em outras palavras, pode ser concluído que seriam possíveis movimentos antecipatórios através de políticas reativas não enxutas de gestão de estoques (p. ex., nível de reposição), apesar do modo mais conhecido e divulgado para a antecipação serem as políticas de planejamento (p. ex., MRP e DRP). Entretanto, movimentos de postergação só seriam possíveis através de políticas reativas enxutas de gestão de estoque (p. ex., regime de produção *just in time* e o ressuprimento enxuto na distribuição), com a movimentação das quantidades exatas a serem consumidas.

Dessa forma, a decisão puxar/empurrar (ou reagir/planejar) restringiria a escolha da política para a organização do fluxo de produtos (Quadro 3.4). Isso porque, fazendo-se a leitura inversa, ao empurrar favorece-se a antecipação em detrimento da postergação. Os parágrafos seguintes analisam esta questão sob um ângulo complementar: as relações entre as decisões de empurrar/puxar e de produzir para estoque/contrapedido e de empurrar/puxar e de descentralizar/centralizar.

As decisões de coordenação do fluxo de produtos e da base para acionamento da fabricação seriam interdependentes (Quadro 3.5). Eventualmente, as empresas podem simultaneamente puxar (reagir) e produzir para estoque (antecipar no tempo) se políticas de gestão de estoque, como o nível de reposição e o ponto de pedido, forem adotadas. Sob essas circunstâncias, a quantidade de produto em excesso que é produzida para estoque é consequência da reação à demanda quando o nível de estoque cai abaixo do ponto de pedido. Todavia, não é possível para as empresas empurrar (planejar) com base em previsões de vendas e produzir para contrapedido.

DICA Em determinadas circunstâncias, a decisão empurrar/puxar poderia refletir os impactos do poder de barganha entre as partes, a estruturação de acordos cooperativos, políticas e sistemas de compras, regulamentações setoriais etc.

Estratégia Logística em Empresas Brasileiras

Quadro 3.4 Coordenação do fluxo de produtos e da antecipação/postergação.

	Antecipar	Postergar
Puxar (Reagir)	Políticas de gestão de estoques reativas não enxutas (lote econômico, ponto de pedido e nível de reposição) operacionalizam: Decisão de produção: para estoque (*) ou contrapedido (**) Decisão de distribuição: descentralização	Políticas de gestão de estoques reativas enxutas (políticas de estoque zero como o regime de produção *just in time*) operacionalizam: Decisão de produção: contrapedido
Empurrar (Planejar)	Políticas de planejamento das necessidades líquidas: MRP e DRP operacionalizam: Decisão de produção: para estoque Decisão de distribuição: descentralização	X

(*) Quando o nível de estoque baixa de um ponto de pedido (> 0) e é produzido o lote econômico ou a diferença para o nível de reposição.

(**) Quando o lote de produção é superior ao consumo, após a colocação do pedido pelo cliente (ponto de pedido = 0).

Quadro 3.5 Coordenação do fluxo de produtos e a base para acionamento da fabricação.

Base para acionamento da fabricação	Tipo de informação	Políticas de gestão de estoque	Coordenação do fluxo de produto
Contrapedido (postergação)	Demanda real	Reativa enxuta (ex., Regime de produção *just in time*) com base no consumo real	Puxar
Para estoque (antecipação)		Reativa não enxuta (ex., Lote econômico, ponto de pedido ou nível de reposição) com base no consumo real	Puxar
	Previsões de venda	Planejamento (ex., MRP/MRP II) com base em estimativas de vendas	Empurrar

As decisões de coordenação do fluxo de produtos e de alocação dos estoques também seriam interdependentes. Isso porque se os estoques são centralizados (postergar no espaço), a decisão de mover os produtos de uma instalação (p. ex., fábrica para o centro de distribuição) para a outra, com base na demanda real ou em previsões de vendas, perde o sentido. A decisão de puxar ou de empurrar a distribuição só faria sentido se os estoques fossem descentralizados (DE LEEUW; VAN GOOR; VAN AMSTEL, 1999), ou seja, na política de antecipação no espaço.

A combinação entre as decisões de coordenação do fluxo de produtos e de base para acionamento da fabricação produz três alternativas viáveis:

- Puxar/para estoque;
- Puxar/contrapedido;
- Empurrar/para estoque.
- E, uma inviável:
- Empurrar/contrapedido.

Já a combinação entre as decisões de coordenação do fluxo de produtos e da alocação dos estoques produz duas alternativas viáveis (Empurrar/Descentralizar e Puxar/Descentralizar) e duas inviáveis (Empurrar/Centralizar e Puxar/Centralizar). Considerando as alternativas viáveis em cada caso, existiria um total de seis (3 × 2) tipos ou políticas viáveis para a organização do fluxo de produtos geradas a partir da combinação destas três decisões, supondo que a decisão de reação/planejamento à demanda observe a mesma orientação na produção e na distribuição (ou ambas são empurradas, ou ambas são puxadas). Outra suposição é que quando os estoques são centralizados, a decisão de reação/planejamento a demanda que prevalece está associada à base para acionamento da fabricação.

Políticas para a organização do fluxo de produtos acabados

De acordo com o que já foi apresentado no capítulo, a Figura 3.6 ilustra as três decisões e as seis políticas alternativas para organização do fluxo de produtos. Essas seis políticas são capazes de caracterizar o fluxo de produtos acabado no seu sentido mais amplo, ou seja, nas dimensões tempo, espaço e responsabilidade pela decisão.

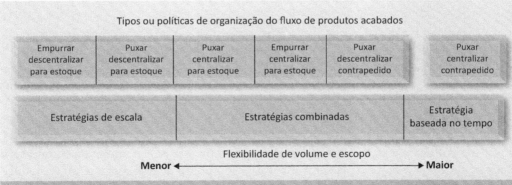

Figura 3.6 Diagrama exemplificando a política de organização do fluxo de produtos acabados Empurrar/Centralizar/Para estoque.
PDD: Ponto de Desacoplamento da Demanda.

De acordo com a proposta de Bowersox *et al.* (2015), algumas políticas sustentam estratégias logísticas com ênfase em economias de escala na produção e na distribuição, outras sustentam estratégias logísticas puras de resposta baseada no tempo, privilegiando-se a flexibilidade de volume e de escopo. Finalmente, outras políticas seriam híbridas com relação ao enfoque estratégico, ora privilegiando economias de escala, ora flexibilidade de resposta.

Conforme ilustra a Figura 3.7, na política Empurrar/Descentralizar/Para estoque, o tempo de entrega seria curto e a fábrica não teria acesso à demanda real, pois o ponto de desacoplamento (visibilidade) da demanda terminaria no intermediário. O tempo de entrega curto e a falta de visibilidade levariam a fábrica a planejar o fluxo de produtos em sua cadeia imediata, através da produção para estoque (MRP) e de sua descentralização (DRP). As operações finais de produção, entretanto, permaneceriam centralizadas. Esta é uma política bastante comum na indústria química (KWAN, 1999).

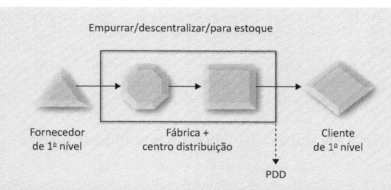

Figura 3.7 Diagrama exemplificando a política de organização do fluxo de produtos acabados Puxar/Centralizar/Contrapedido.
PDD: Ponto de Desacoplamento da Demanda.

Na política Empurrar/Centralizar/Para estoque (Figura 3.8), o tempo de entrega seria curto e a fábrica não teria acesso à demanda real. O tempo de entrega curto e a falta de visibilidade levariam a fábrica a planejar o fluxo de produtos em sua cadeia imediata, através da produção para estoque (MRP). No entanto, características como o alto coeficiente de variação das vendas poderiam, por exemplo, favorecer a centralização dos estoques. As operações finais de produção também permaneceriam centralizadas. Essa é uma política bastante comum em fabricantes de medicamentos.

Já na política Puxar/Centralizar/Contrapedido (Figura 3.9), o tempo de entrega seria longo e a fábrica teria acesso à demanda real, pois o ponto de desacoplamento (visibilidade) da demanda a alcançaria. O tempo de entrega longo e a visibilidade levariam a fábrica a ser capaz de reagir à demanda, através da produção contrapedido e da centralização dos estoques.

SAIBA MAIS A política puxar/centralizar/contrapedido é adotada pela Dell Computers (DELL; FREDMAN, 2006) e pelo Consórcio Modular da Volkswagen (PIRES, 1998). Sobre essa política, encontra-se também um enfoque acadêmico em Pasqual (2005).

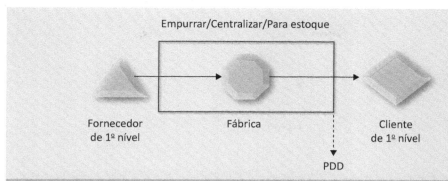

Figura 3.8 Diagrama exemplificando a política de organização do fluxo de produtos acabados Puxar/Centralizar/Para estoque.
PDD: Ponto de Desacoplamento da Demanda.

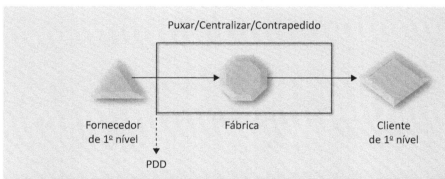

Figura 3.9 Diagrama exemplificando a política de organização do fluxo de produtos acabados Puxar/Descentralizar/Para estoque.
PDD: Ponto de Desacoplamento da Demanda.

Na política Puxar/Centralizar/Para estoque (Figura 3.10), o tempo de entrega seria curto, mas a fábrica teria acesso à demanda real. Apesar do tempo de entrega curto, o fato de possuir visibilidade da demanda levaria a fábrica a ser capaz de reagir à demanda, ainda que um excedente fosse produzido para estoque (em virtude da adoção de lotes econômicos, pontos de pedido ou níveis de reposição para os produtos acabados). Um alto coeficiente de variação das vendas favoreceria a centralização dos estoques.

Na política Puxar/Descentralizar/Para estoque (Figura 3.11), o tempo de entrega seria curto, mas a fábrica teria acesso à demanda real. Mais uma vez, apesar do tempo de entrega curto, o fato de possuir visibilidade da demanda levaria a fábrica a ser capaz de reagir à demanda, ainda que um excedente fosse produzido para estoque e descentralizado (em virtude da adoção de lotes econômicos, pontos de pedido ou níveis de reposição para os produtos acabados). As operações finais de produção, entretanto, permaneceriam centralizadas.

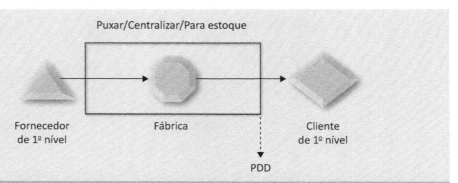

Figura 3.10 Diagrama exemplificando a política de organização do fluxo de produtos acabados Puxar/Centralizar/Para estoque.
PDD: Ponto de Desacoplamento da Demanda.

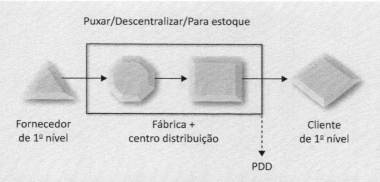

Figura 3.11 Diagrama exemplificando a política de organização do fluxo de produtos acabados Puxar/Descentralizar/Para estoque.
PDD: Ponto de Desacoplamento da Demanda.

Finalmente, na política Puxar/Descentralizar/Contrapedido (Figura 3.12), o tempo de entrega seria mais curto que na política Puxar/Centralizar/Contrapedido e a fábrica teria acesso à demanda real. A visibilidade levaria a fábrica a ser capaz de reagir à demanda, através de produção contrapedido. Algumas etapas (intermediárias e finais) da produção poderiam ser descentralizadas e executadas numa instalação próxima ao cliente para compensar os tempos de entrega mais curtos.

Essas políticas para organização do fluxo de produtos possuem forte interação com os recursos logísticos e com a estrutura de custos resultante da configuração destes recursos, de acordo com o quadro conceitual.

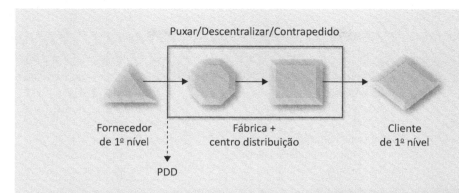

Figura 3.12 Diagrama exemplificando a política de organização do fluxo de produtos acabados Puxar/Descentralizar/Contrapedido.
PDD: Ponto de Desacoplamento da Demanda.

DECISÕES SOBRE RECURSOS

O Quadro 3.6 apresenta as decisões sobre recursos (ativos, sistemas, procedimentos e rotinas) que permitiriam a consecução de determinada política para organização do fluxo de produtos. Essas decisões foram divididas em três grandes grupos (cada um dos grupos subdividido em categorias de decisão):

- **Recursos de produção** — viabiliza a consecução do fluxo de produtos principalmente na dimensão tempo.
- **Recursos de distribuição** — viabiliza a consecução do fluxo de produtos principalmente na dimensão espaço.
- **Recursos de apoio à organização do fluxo de produtos** — fornece subsídios para a coordenação do fluxo de produtos.

Quadro 3.6 Grupos de decisões sobre recursos.

Produção	Distribuição	Apoio à organização
PCP • Sistemas de suporte à decisão • Sequenciamento	Transporte • Contratação/integração vertical • Escolha do modal • Perfil do carregamento • Sistemas de suporte à decisão	Gerenciamento da Demanda • Técnicas de previsão • Acesso à demanda do cliente

(*Continua*)

(*Continuação*)

Quadro 3.6 Grupos de decisões sobre recursos.

Produção	Distribuição	Apoio à organização
Tecnologia de Processos • Equipamentos • Componentes/insumos	Armazenagem • Quantidade de instalações • Localização • Contratação/integração vertical • Tecnologia (capital/mão de obra) • Sistemas de endereçamento e coleta (*picking*)	Gestão de estoques • Técnica e parametrização • Quanto pedir • Quando pedir • Quanto manter em estoques de segurança
	Modalidades de distribuição • Direta • Escalonada • Mista	

DICA — Cada um dos grupos de decisões está relacionado com as políticas para a organização do fluxo de produtos por meio de *trade-offs* de custos e de serviço. O entendimento da natureza destes *trade-offs* é fundamental para avaliar como determinadas políticas para a organização do fluxo de produtos afetariam as decisões sobre recursos numa estratégia logística para produtos acabados (e vice-versa).

Recursos de produção — dimensão tempo da organização do fluxo de produtos

As decisões sobre os recursos de produção podem afetar fortemente a política para a organização do fluxo de produtos. É comum a ênfase em economias de escala na produção quando os processos de produção são contínuos, em função de maior intensidade de capital (HAYES; WHEELWRIGHT, 1984). A produção a granel poderia também levar à busca por geração de economias de escala na distribuição, através da contratação de transporte consolidado e consistente (CARTER; FERRIN, 1996).

A ênfase em economias de escala poderia favorecer políticas do tipo Empurrar/Descentralizar/Para estoque ou Puxar/Descentralizar/Para estoque. Por outro lado, a ênfase na resposta baseada no tempo seria mais comum quando os processos de produção são discretos (ZIPKIN, 2001). Isso pode levar a políticas para organização do fluxo de produtos do tipo Puxar/Centralizar/Contrapedido. Processos de produção discretos poderiam também favorecer a contratação de transporte expresso, em se mantendo a coerência por maior flexibilidade de resposta.

A modularização dos componentes pode viabilizar a postergação no tempo do fluxo de produtos, permitindo maior ênfase na resposta baseada no tempo através de políticas do tipo Puxar/Centralizar/Contrapedido e Puxar/Descentralizar/Contrapedido. Isso porque a modularização permitiria a separação física dos componentes durante as operações de produção e possibilitaria a execução de operações em paralelo, reduzindo o tempo de resposta.

DICA Intervenções nos estágios preliminares do projeto do produto, quando as operações de produção devem ser consideradas a partir do conjunto de componentes a serem montados, constituem os passos fundamentais para a modularização (SIMCHI-LEVI; KAMINSKY, 2011).

Além da modularização, o ressequenciamento e a customização (Quadro 3.7) seriam decisões relevantes para a adoção de políticas dos tipos Puxar/Descentralizar/Contrapedido e Puxar/Centralizar/Contrapedido.

Quadro 3.7 Ressequenciamento e customização.

Ressequenciamento	Modificação da sequência original das etapas de produção de modo que as operações que implicassem em maior customização dos produtos fossem postergadas no tempo. A viabilidade do ressequenciamento seria maior se os processos de produção fossem discretos. Quanto maior o número de etapas do processo produtivo, maior seria viabilidade do ressequenciamento.
Customização	A presença de componentes comuns nas etapas iniciais da produção e de componentes diferentes nas etapas finais permitiria que algumas das etapas finais fossem concluídas em centros de distribuição.

Especificamente, a modularização e a customização poderiam influenciar a política para a organização do fluxo de produtos. Através dessas duas decisões seria possível conciliar a vantagem proporcionada pelas economias de escala e de escopo (DORNIER *et al.*, 1998). As economias de escala estariam relacionadas com as economias de custo derivadas da produção de muitas unidades do mesmo produto. Economias de escopo estariam relacionadas com as economias de custo derivadas da produção de uma variedade de produtos.

EXEMPLO 5

Zipkin (2001) apresenta empresas que conciliam as vantagens geradas pelas economias de escala e de escopo (fabricantes de tintas e fabricantes de automóveis), estes últimos pelo projeto do produto modular, intercambialidade de peças e componentes e plataformas (chassis) comuns a diferentes modelos.

Se, por um lado, a modularização está associada ao fluxo de matérias-primas, pois a combinação de diferentes componentes permite a montagem do produto final, por outro lado, a customização estaria associada ao fluxo de produtos acabados, visando satisfazer as diferentes necessidades do cliente final em termos de volume e escopo (DORNIER et al., 1998). A modularização e a customização estariam conectadas através do projeto do produto e de uma política para a organização do fluxo de produtos que visasse sua postergação no tempo (por exemplo, Puxar/Centralizar/Contrapedido ou Puxar/Descentralizar/Contrapedido). Em outras palavras, os produtos deveriam ser modularizados para maximizar o número de unidades padronizadas em comum (economias de escala). A customização deveria ocorrer a partir de alguma etapa da produção que possuísse visibilidade acerca da demanda final (economias de escopo).

Deve ser lembrado, entretanto, que existem diversos processos de produção para os quais a customização e a modularização não seriam possíveis (SIMCHI-LEVI; KAMINSKY, 2011). Restrições tecnológicas poderiam impedir a modularização e questões relativas à coordenação do fluxo de produtos poderiam restringir a customização. Ainda que estas decisões fossem tecnicamente possíveis, em diversos casos os gastos resultantes do reprojeto do produto, do processo e da embalagem não seriam compensados pelo aumento na flexibilidade de resposta.

EXEMPLO 6

Kwan (1999) fornece algumas evidências ao analisar a adoção de TI em operações de produção nas indústrias eletroeletrônica e petroquímica. A maior parte das empresas pesquisadas em ambas as indústrias estava buscando implementar a produção contrapedido. Como a tecnologia de produção na indústria petroquímica caracteriza-se por processos de fluxo contínuo, a adoção de políticas de postergação no tempo não apresentou resultados satisfatórios. Por outro lado, as empresas do setor eletroeletrônico iniciaram a postergação no tempo em operações de embalagem e montagem com relativo sucesso, creditado à visibilidade da demanda dos seus principais clientes varejistas.

A comparação de indústrias tão distintas quanto a petroquímica e a eletroeletrônica sugere que, para determinada fronteira tecnológica, a complexidade das operações finais de manufatura (mensurável através da tecnologia de processos, da intensidade de investimentos em capital e do conhecimento, segundo HAYES; WHEELWRIGHT, 1984) e a modularização seriam determinantes para a implementação da postergação no tempo e, consequentemente, da política para a organização do fluxo de produtos.

Recursos de distribuição — dimensão espaço da organização do fluxo de produtos

Transportes

As decisões em transportes envolvem os seguintes recursos:

- Modal de transporte;
- Capacidade da frota;
- Integração vertical;
- Ajuste da demanda à capacidade;
- Sistemas de suporte à decisão (como roteirizadores de entregas);
- Procedimentos para agendamento e despacho;
- Definições sobre o tipo de consolidação do carregamento (quando houver);
- Definição de planos emergenciais de transporte.

As decisões de transporte afetariam a escolha da política para a organização do fluxo de produtos na medida em que afetariam os níveis de estoque de segurança, de ciclo e em trânsito. Considerando que menores níveis de estoque seriam o reflexo de movimentos de postergação no espaço (e da ênfase por flexibilidade de resposta na distribuição), e que maiores níveis de estoque seriam o reflexo de movimentos de antecipação no espaço (e da ênfase por economias de escala na distribuição), seria razoável supor uma forte relação entre as políticas para a organização do fluxo de produtos e as decisões de transporte. Em outras palavras, esta relação seria materializada nos níveis de estoque e refletiria a ênfase por economias de escala ou pela resposta baseada no tempo na distribuição.

EXEMPLO 7

Evers (1999) apresenta como a escolha do modal de transporte afetaria os níveis de estoque. Uma empresa poderia desenvolver esforços no sentido de assegurar que seus fornecedores embarcassem seus pedidos conforme prometido, de modo a reduzir a variabilidade do tempo de resposta. Por outro lado, a mesma empresa poderia selecionar prestadores de serviço logístico que proporcionassem entregas mais rápidas, através de outros modais de transporte. Nesse ponto, caberia colocar a questão: a empresa deveria buscar a redução do tempo de resposta médio do transporte ou de sua variabilidade? Quais seriam os impactos sobre os níveis de estoque? O ponto que torna indiferente o impacto de variações na média e na variabilidade do tempo de resposta do transporte sobre os níveis de estoque é dado pela seguinte relação: o coeficiente de variação da demanda (a razão de seu desvio-padrão sobre sua média) deve ser igual à raiz quadrada do dobro do desvio-padrão do tempo de resposta.

Para produtos com elevado coeficiente de variação da demanda, maiores reduções nos níveis de estoque seriam alcançadas através da redução no tempo médio de resposta do transporte. Por outro lado, para produtos com baixo coeficiente de variação da demanda deveriam ser dirigidos esforços para a redução da variabilidade (desvio-padrão) do tempo de resposta do transporte, permitindo sua programação ao longo do tempo.

Também deve ser levado em consideração que as decisões de transporte afetariam significativamente a relação entre custos fixos e variáveis na distribuição, o que seria um fator determinante para a escolha do enfoque competitivo. Por exemplo, os custos de operação dos modais dutoviário e ferroviário seriam praticamente todos fixos, ao passo que no modal rodoviário predominariam os custos de natureza variável com a distância e o peso (ou volume). Decisões em favor da operação de uma frota própria dimensionada pelo pico da demanda levariam a maior proporção de custos fixos na distribuição, assim como a operação de frota própria dimensionada pela média ou pelo vale da demanda, associada à contratação de prestadores de serviço, poderia levar a maior proporção de custos variáveis.

DICA — Quanto maior a proporção de custos fixos, maior será a propensão para gerar economias de escala (políticas Empurrar/Descentralizar/Para estoque e Puxar/Descentralizar/Para estoque). Por outro lado, quanto maior a proporção de custos variáveis, maior será a propensão para a flexibilidade de resposta (Puxar/Centralizar/Contrapedido).

Outra maneira de avaliar o impacto das decisões de transporte nos custos de distribuição seria pelo critério de custos diretos *vs.* custos indiretos (HORNGREN *et al.*, 2014). A distinção entre custos diretos e custos indiretos seria dada pelo grau de arbitrariedade envolvido no rateio a determinado objeto de custo (por exemplo, uma rota, um cliente ou um produto). Os custos assumiriam um caráter direto quando não houvesse necessidade de rateio, pois seriam totalmente vinculados a determinado objeto de custo. Decisões a favor de entregas expressas por cliente apresentariam um elevado componente de custo direto, assim como os carregamentos consolidados de um único produto (AMSTEL; AMSTEL, 1987; CARTER; FERRIN, 1996). Por outro lado, decisões de roteirização envolveriam certo grau de arbitrariedade com relação ao rateio dos custos incorridos até a primeira entrega, por ser uma etapa comum às demais (Figura 3.13).

EXEMPLO 8

Em circunstâncias em que o volume/peso total a ser transportado e a distância a ser percorrida são consideráveis, o coeficiente de variação das vendas é baixo e os produtos, clientes e rotas são homogêneos, seria maior a ênfase para explorar economias de escala na distribuição. Nesse caso, decisões de transporte que refletissem maior proporção de custos fixos diretos deveriam ser consideradas.
Em circunstâncias em que o volume/peso total a ser transportado e a distância a ser percorrida são pequenos, o coeficiente de variação das vendas é alto e os produtos, clientes e rotas são heterogêneos, seria maior a ênfase por flexibilidade de resposta. De modo análogo, decisões de transporte que refletissem maior proporção de custos variáveis indiretos deveriam ser consideradas.

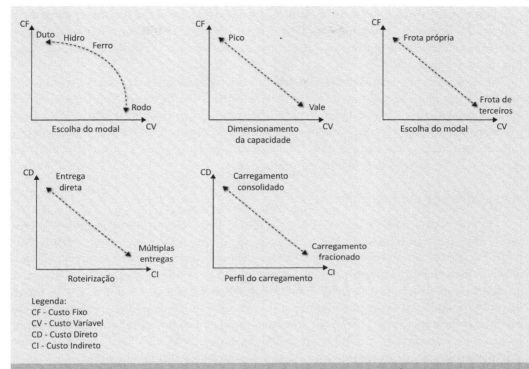

Figura 3.13 Impacto das decisões de transporte sobre a estrutura de custos (fixos e variáveis, diretos e indiretos) da distribuição.
Fonte: Acervo do autor

Armazenagem

As decisões de armazenagem abrangem a definição do número de estágios da rede logística, da quantidade de instalações em cada um dos estágios, da localização e da missão (produtos e mercados atendidos) de cada uma das instalações, do grau de integração vertical, da tecnologia utilizada para armazenamento dos produtos, da funcionalidade da instalação (armazém de fábrica, centro de distribuição, *break-bulk*, *cross docking* etc.), do endereçamento (aleatório ou por produto), dos procedimentos para coleta, separação de produtos e pré-montagem de carregamentos, além das rotinas para inventário dos estoques (SIMCHI-LEVI; KAMINSKY, 2011).

Assim como as decisões de transporte, as decisões de armazenagem também influenciam a definição do enfoque competitivo (economia de escala ou flexibilidade de resposta na distribuição), na medida em que afetam os níveis de estoque de segurança, de ciclo e em trânsito para mais ou para menos. Segundo Zinn, Levy e Bowersox (1989), quanto maior o número de instalações com estoque, provavelmente seria maior o nível total de estoque de segurança para manter determinado nível de serviço, medido em termos de disponibilidade de produto. Inversamente, o nível total de estoque de segurança seria reduzido quando os estoques fossem centralizados em poucas instalações.

Também deve ser levado em consideração que as decisões de armazenagem afetam significativamente os custos fixos da distribuição em incrementos que se assemelham a um "degrau". Esses dois pontos são determinantes na escolha da política para a organização do fluxo de produtos.

Mais especificamente, as decisões sobre o número de estágios da rede e a quantidade de instalações são associadas às decisões de transporte (BALLOU, 2003; JAYARAMAN, 1998) e um princípio básico envolvendo a abertura de uma nova instalação seria a consolidação do transporte. Se os pedidos tenderem a ser pequenos ou fracionados em determinado mercado, a existência de potencial para consolidação poderia justificar a abertura de uma nova instalação e a antecipação no espaço.

Modalidades de distribuição

Do ponto de vista de marketing, um canal de distribuição seria um conjunto de empresas engajadas nas transações de compra e venda de produtos e/ou serviços (BOONE; KURTZ, 2008). Seu objetivo primordial seria a negociação, contratação e administração dos relacionamentos entre empresas numa base contínua. Do ponto de vista logístico, um canal de distribuição seria uma rede de relacionamentos especializados na viabilização dos fluxos de produtos ao longo do espaço e também do tempo. A união da política para organização do fluxo de produtos com as decisões sobre o número de estágios da rede e a quantidade de instalações constituiria a estrutura logística dos canais de distribuição. Essa estrutura permite a operacionalização de diferentes modalidades de distribuição entre empresas.

Bowersox *et al.* (2015) identificaram que normalmente as modalidades de distribuição recaem sobre dois tipos de estrutura logística: escalonada ou direta.

SAIBA MAIS — Uma estrutura escalonada implica que o fluxo de produtos, no seu trajeto do fornecedor inicial para o consumidor final, passa por diferentes instalações, as quais podem pertencer a mais de uma empresa do canal. Uma estrutura direta seria projetada para transferir os produtos até o cliente final a partir de um número limitado de instalações centrais.

Segundo Guiltinan (1974), mudanças na estrutura dos canais de distribuição (organização do fluxo de produtos e rede logística) poderiam ser explicadas por mudanças no enfoque competitivo. As mudanças no enfoque competitivo derivariam de pressões relacionadas à obsolescência (da instituição, marca ou produto), ao desempenho insatisfatório (p. ex., alto custo e baixo serviço) e/ou ao conflito entre empresas. A velocidade nessas mudanças dependeria de diversos fatores: mudanças nos padrões de consumo, desenvolvimento de novos serviços e tipos de produto, duração do ciclo de vida, concentração de clientes e fornecedores.

Recursos de apoio à organização do fluxo de produtos

Envolve as decisões relativas ao Gerenciamento da Demanda e à Gestão de Estoques. Constituem uma categoria de decisões de apoio às políticas para organização do fluxo de produtos.

Gerenciamento da demanda

Envolve as decisões sobre os sistemas de suporte à decisão, a técnica de previsão, o horizonte de planejamento, o nível de agregação das bases de dados e os esforços para a visibilidade da demanda (MOHN, 1990; MENTZER; BIENSTOCK, 1998; HANKE; WICHERN, 2009).

As decisões sobre o gerenciamento da demanda são de extrema importância para a consecução de políticas para organização do fluxo de produtos do tipo Empurrar/Descentralizar/Para estoque e Empurrar/Centralizar/Para estoque.

DICA — Previsões de vendas de curto prazo são extremamente importantes para a operação de sistemas MRP e DRP (BALLOU, 2003). Mesmo em políticas para a organização do fluxo de produtos dos tipos Puxar/Descentralizar/Para estoque e Puxar/Centralizar/Para estoque, as previsões de vendas são utilizadas para determinação e monitoramento dos níveis de reposição e dos pontos de pedido.

Além disso, a visibilidade da demanda poderia levar ao cálculo de previsões de vendas mais precisas, influenciando não apenas o dimensionamento dos estoques de segurança, mas principalmente as decisões referentes a sua alocação e, consequentemente, a própria organização do fluxo de produtos (HARRISON; VOSS, 1990; ROMERO, 1991; PAGH; COOPER, 1998).

Gestão de estoques

Segundo De Leeuw, Van Goor e Van Amstel (1999), a gestão de estoques "envolveria diferentes decisões com o intuito de coordenar, nas dimensões tempo e espaço, a demanda existente com o ressuprimento de produtos e a capacidade disponível, de modo que os objetivos de produção e de distribuição, em termos de custo e de nível de serviço, sejam atingidos". Percebe-se, nesta definição, que a gestão de estoques desempenharia um papel extremamente relevante na articulação das políticas para a organização do fluxo de produtos com os recursos, no contexto de uma estratégia logística para produtos acabados.

Os Quadros 3.8 e 3.9 apresentam as técnicas de gestão de estoques mais adequadas para determinado conjunto de decisões sobre a organização do fluxo de produtos, conforme síntese da literatura. De acordo com De Leeuw, Van Goor e Van Amstel (1999), as técnicas de gestão de estoques apresentariam duas categorias de decisão distintas, mas fortemente integradas ao longo do tempo:

- **Decisões de reposição** — relativas à recomposição dos níveis de estoque, que visam quantificar o ressuprimento nos aspectos "quando", "quanto" e "com que frequência";
- **Decisões de alocação** — relativas à localização dos estoques na cadeia de suprimentos, que visam identificar "onde" os estoques deveriam ser localizados.

Quadro 3.8 Recursos logísticos envolvidos na consecução de uma determinada política para organização do fluxo de produtos.

Decisões em Estratégia Logística (Políticas para organização do fluxo de produtos – linha *vs.* recursos – coluna)	Empurrar/ Descentralizar/ Para estoque	Puxar/ Descentralizar/ Para estoque	Puxar/ Descentralizar/ Contrapedido	Empurrar/ Centralizar/ Para estoque	Puxar/ Centralizar/ Para estoque	Puxar/ Centralizar/ Contrapedido
Modal de transporte	Baixo custo e longo tempo de resposta (casos extremos: cabotagem ou ferroviário)	Eminentemente rodoviário	Eminentemente rodoviário	Eminentemente rodoviário	Alto custo e curto tempo de resposta (casos extremos: aéreo)	Alto custo e curto tempo de resposta (casos extremos: aéreo)
Roteirização	Sim	Sim	Sim	Sim	Não há	Não há
Consolidação	Foco em economias de escala no transporte: transferência e distribuição	Foco em economias de escala na transferência e flexibilidade na distribuição	Foco em economias de escala na transferência e flexibilidade na distribuição	Flexibilidade na distribuição	Transporte *premium*, não há consolidação	Transporte *premium*, não há consolidação
Quantidade de instalações	Muitas	Poucas	Poucas	Apenas uma	Apenas uma	Apenas uma
Número de estágios	> 1	> 1	> 1	1	1	1
Funcionalidade das instalações	Armazéns de consolidação ou centros de distribuição	*Cross docking* ou *break bulks*	*Cross docking* ou *break bulks*	Armazém central ou da fábrica	Centros de serviço e apoio à manufatura	Centros de serviço e apoio à manufatura

Tecnologia para gerenciamento de armazéns	WMS	WMS	WMS	WMS	WMS	WMS
Modalidades de distribuição	Escalonada	Escalonada	Escalonada	Escalonada ou Direta	Direta	Direta
Transferência de produtos entre instalações	Sim (DRP)	Nível de reposição	Consumo real	Não há	Não há	Não há
Gestão de Estoques	MRP e DRP	Lote econômico, nível de reposição, ponto de pedido	Estoque zero	MRP e DRP	Nível de reposição, ponto de pedido	Estoque zero
Tecnologia de processos de produção	Provavelmente contínuo	Contínuo ou discreto	Contínuo ou discreto	Contínuo ou discreto	Contínuo ou discreto	Discreto
Componentes/insumos de produção	Modulares ou não	Modulares ou não	Modulares ou não	Modulares ou não	Necessariamente modular	Necessariamente modular
Esforços para integração com outras empresas	Baixo/nulo	ECR e CPFR	ECR e CPFR	Baixo/nulo	Comércio eletrônico	Comércio eletrônico
Técnicas de previsão	Quantitativa	Quantitativa	Qualitativa	Quantitativa	Qualitativa/não usa	Qualitativa/não usa

Quadro 3.9 Exemplo de análise de sustentabilidade das políticas para organização do fluxo de produto.

Características do produto, da operação e da demanda	Cenário(s) futuro(s) que aumenta(m) a importância relativa da(s) característica(s)	Política(s) para organização do fluxo de produtos com baixo comprometimento à mudança no cenário futuro	Política(s) para organização do fluxo deprodutos com alto comprometimento à mudança no cenário futuro	Recursos onde poderia haver maior comprometimento potencial – exercício indutivo
Grau de perecibilidade	Pressão de clientes para gerenciamento de produtos em prateleira em tempo real (VMI)	Puxar/ Descentralizar/ Para estoque Puxar/ Descentralizar/ Contra pedido	Puxar/Centralizar/ Para estoque Puxar/Centralizar/ Contra pedido	Modal de transporte; consolidação e roteamento; funcionalidade dos armazéns; tecnologia para gerenciamento de armazéns; política de produção; técnicas de previsão; esforços para integração com outras empresas
Grau de obsolescência	Encurtamento dos ciclos de vida dos produtos	Puxar/ Descentralizar/ Contra pedido Empurrar/ Centralizar/ Para estoque Puxar/Centralizar/ Contra pedido	Empurrar/ Descentralizar/ Para estoque Puxar/ Descentralizar/ Para estoque	Política de estoque (quanto pedir/ quando pedir); modal de transporte; consolidação; quantidade de armazéns; esforços para integração com outras empresas; política de produção
Custo do produto vendido	Aumento no perfil de custos adicionados ao produto/ incorporação de maior base tecnológica	Puxar/Centralizar/ Contra pedido	Empurrar/ Descentralizar/ Para estoque Empurrar/ Centralizar/ Para estoque Puxar/ Descentralizar/ Para estoque	Política de estoque (quanto pedir/ quando pedir); modal de transporte; consolidação; quantidade de armazéns; política de produção

(*Continua*)

Quadro 3.9 Exemplo de análise de sustentabilidade das políticas para organização do fluxo de produto.
(*Continuação*)

Características do produto, da operação e da demanda	Cenário(s) futuro(s) que aumenta(m) a importância relativa da(s) característica(s)	Política(s) para organização do fluxo de produtos com baixo comprometimento à mudança no cenário futuro	Política(s) para organização do fluxo de produtos com alto comprometimento à mudança no cenário futuro	Recursos onde poderia haver maior comprometimento potencial – exercício indutivo
Densidade de custos	Com oditização do produto com a compressão das margens de lucro	Empurrar/ Descentralizar/ Para estoque Puxar/ Descentralizar/ Para estoque	Empurrar/ Centralizar/ Para estoque Puxar/ Descentralizar/ Contra pedido Puxar/Centralizar/ Contra pedido	Modal de transporte; consolidação e roteamento; quantidade de armazéns; política de produção; técnicas de previsão
Coeficiente de variação das vendas	Pressão para utilização dedicada de recursos	Puxar/ Descentralizar/ Para estoque Puxar/ Descentralizar/ Contra pedido	Empurrar/ Descentralizar/ Para estoque	Quantidade de instalações; gestão de estoque; técnicas de previsão; esforços para integração com outras empresas

DICA

Decisões de reposição são intrinsecamente relacionadas à dimensão tempo; já as decisões de alocação são intrinsecamente relacionadas à dimensão espaço.

ENFOQUES ESTÁTICO (TRANSVERSAL) E DINÂMICO (LONGITUDINAL)

Porter (1991) reconhece que a questão estratégica pode ser avaliada em dois níveis distintos e complementares. O primeiro nível, denominado transversal, trataria da ligação das características da empresa (produto, operação, demanda etc.) ao seu desempenho (custo e serviço) em determinado momento do tempo. Essa ligação ajudaria a responder porque algumas indústrias e posições dentro da indústria seriam mais atraentes que outras, ou ainda, para dado conjunto de características, qual seria o padrão de decisão mais apropriado. O segundo nível, denominado longitudinal, trataria da flexibilidade estratégica ou da mobilidade associada a determinadas posições competitivas.

Para Porter, analisar o nível transversal seria prioritário, pois sem uma compreensão específica sobre o que sustentaria uma posição desejável seria extremamente complexo lidar de forma analítica com o nível longitudinal. Para Proença (1999), esta hierarquização "não deve obscurecer o fato de que em muitas indústrias, ativos e capacitações 'estáticas' [...] têm papel obviamente crucial".

SAIBA MAIS — Robert Hayes e Gary Pisano abordam os enfoques estático e dinâmico de uma estratégia de manufatura no artigo "Beyond World-Class: The New Manufacturing Strategy", publicado na Harvard Business Review, em 1994, edição de janeiro/fevereiro (p. 77-85), disponível em https://hbr.org/1994/01/beyond-world-class-the-new-manufacturing-strategy.

Sob a perspectiva estática, as decisões que compõem a organização do fluxo de produtos e as políticas para a organização do fluxo de produtos poderiam ser explicadas, em dado momento, pelo conjunto de características do produto, operação e demanda. Foi apresentada nas seções anteriores, através do mapeamento e da síntese dos *trade-offs* de custo e de serviço existentes na literatura, a base racional para explicar porque diferentes características poderiam conformar as decisões relacionadas à organização do fluxo de produtos em determinado ponto do tempo. Dentre as características do produto que influenciariam uma estratégia logística para produtos acabados poderiam ser destacados:

- Custo do Produto Vendido (CPV);
- Densidade de Custos (DC);
- Grau de Obsolescência (GO);
- Grau de Perecibilidade (GP).

Por sua vez, as características da demanda envolveriam:

- Tempo de Entrega (TE);
- Coeficiente de Variação das vendas (CV);
- Giro dos estoques (G).

As características da operação envolveriam:

- Razão entre Prazos (RP);
- Visibilidade da Demanda (VD);
- Tecnologia de Processos de Produção (TP).

DICA — A tecnologia de processos, apesar de classificada como recurso neste quadro conceitual, também pode ser entendida como uma característica da operação, afetando as decisões de empurrar/puxar, centralizar/descentralizar e produzir para estoque/contrapedido.

Proença (1999), no entanto, afirma que a formulação de Porter sobre as Cinco Forças é "estritamente estática [...] trata-se de um excelente método para saber porque os outros estão [neste momento] se dando bem e você não". Isso porque a análise estática seria presa a um contexto histórico e não revelaria totalmente a dinâmica das posições competitivas da empresa ao longo do tempo. Em termos de uma estratégia logística para produtos acabados, como poderia ser pensada a dinâmica da política para a organização do fluxo de produtos e dos recursos que permitem a consecução desta política ao longo do tempo? Quais seriam os principais obstáculos ou armadilhas associados à migração de uma política para organização do fluxo de produtos para outra? Qual o grau de mobilidade associado a cada um dos recursos que daria apoio a determinada política para a organização do fluxo de produtos?

Ghemawat (2012) apresenta elementos relevantes ao entendimento do aspecto dinâmico em estratégia: a decisão sobre fazer comprometimentos irreversíveis em recursos num ambiente de incerteza e a articulação das atividades através de um processo incremental conhecido como desenvolvimento de capacitações.

SAIBA MAIS — O desenvolvimento de capacitações é um dos elementos relevantes ao entendimento do problema dinâmico em estratégia. Entretanto, o desenvolvimento de capacitações numa estratégia logística para produtos acabados foge ao escopo deste trabalho. A dinâmica na estratégia logística será avaliada pelo grau de comprometimento percebido (GCP) associado à política para a organização do fluxo de produtos e aos recursos que apoiam esta política, e pelo grau de especificidade apurado (GEA) associado a cada uma das decisões sobre recursos. A dinâmica também será avaliada pelas restrições à mobilidade na organização do fluxo de produtos criadas por fatores externos e internos à empresa que não sejam recursos. Esta discussão será retomada no Capítulo 6, com relação à metodologia e os objetivos da pesquisa sobre o aspecto dinâmico da organização do fluxo de produtos.

Proença (1999) aponta que recursos com elevado grau de comprometimento teriam grandes impactos na empresa, pois poderiam implicar custos afundados, associados ao conceito de ficar trancado por dentro (*locked in*) em dada opção estratégica, e em custos de oportunidade, associados ao conceito de ficar trancado por fora (*locked out*) por não ter seguido determinada opção estratégica.

De acordo com Ghemawat (1991), o comprometimento seria refletido na tendência para persistir em determinada estratégia, resultado do acúmulo de processos decisórios que envolveriam não apenas situações de *lock in* e de *lock out*, mas também de defasagem (*lags*) e de inércia (*inertia*). Pesquisadores de uma das principais correntes de pensamento em estratégia empresarial, a escola de posicionamento, creditam ao grau de comprometimento a capacidade para explicar diferenças persistentes no desempenho entre empresas, presumindo que as escolhas iniciais sobre recursos restrinjam as decisões posteriores.

EXEMPLO 9

Segundo Ghemawat (1991), ficar preso por dentro poderia ser o resultado do investimento em determinados tipos de recursos. A especialização, a impossibilidade de comercialização e a durabilidade seriam características de recursos que levariam à persistência na estratégia inicial sob a ótica dos custos afundados (*sunk costs*). Ficar preso por fora poderia ser uma causa menos direta de comprometimento, mas não menos importante: os custos de oportunidade seriam tão reais quanto os custos afundados, quando se tratam de recursos que não poderiam ser adquiridos em mercados normais. Já a defasagem no ajuste dos recursos da empresa às novas pressões competitivas consistiria numa terceira causa de comprometimento. Estruturas organizacionais, reestruturação de processos e limitações de caráter tecnológico contribuiriam substancialmente para a defasagem. Finalmente, a inércia derivaria de questões culturais de ordem superior, materializadas em princípios e rotinas decisórias, que levariam uma empresa à manutenção da estratégia no curso atual.

Caberia neste momento indagar "o que significariam os processos de *lock in* e *lock out* numa estratégia logística para produtos acabados?" Em princípio, os processos de *lock in* e *lock out* poderiam implicar no comprometimento com relação a determinada política para organização do fluxo de produtos, ou a determinado recurso que apoia esta política. Por exemplo, a mudança em direção a uma política para organização do fluxo de produtos que apoie uma estratégia baseada no tempo poderia ser abortada por comprometimentos assumidos anteriormente numa política voltada para a exploração de economias de escala. O comprometimento derivaria do sistemático (des)investimento em recursos destinados a permitir a operacionalização de dada política, aos quais poderiam ser atribuídos as características de especialização, durabilidade e não comercialização em mercados perfeitos.

O pano de fundo para o entendimento e o desdobramento destas questões passaria pela identificação dos recursos relevantes a cada política para a organização do fluxo de produtos. Conforme apontado anteriormente, os recursos englobariam os ativos, os sistemas, os procedimentos e as rotinas necessárias para viabilizar a consecução de determinada política. Por indução, o grau de comprometimento associado a determinada configuração de decisões sobre recursos, no contexto de uma estratégia logística para produtos acabados, deveria ser mensurado e entendido relativamente a cada política para organização do fluxo de produtos. O comprometimento associado a determinada política seria relativo, e dependeria de onde se quer partir (política x) e para onde se quer chegar (política y).

Ao analisar comparativamente as políticas para a organização do fluxo de produtos com base nas principais decisões sobre recursos, seria possível inferir a partir do grau de comprometimento destas decisões, o grau de mobilidade com relação ao estabelecimento de outras políticas. Através de exercícios lógicos de indução, pode-se perceber que o grau de comprometimento com relação a determinada política para a organização do fluxo de produtos seria relativo e dependeria, não exclusivamente, mas necessariamente, da trajetória a ser seguida. Ainda que no longo prazo exista mobilidade total, no curto e no médio prazos algumas trajetórias de mudanças na política para a organização do fluxo de produtos seriam mais aderentes à configuração de recursos já estabelecida, implicando em maior mobilidade (menor grau de comprometimento).

DICA A sustentabilidade de uma política para a organização do fluxo de produtos depende, num primeiro momento, do mapeamento estático do ambiente da empresa e, num segundo momento, da avaliação de seus prováveis desdobramentos futuros. Ainda que este exercício lógico possa apontar as decisões sobre recursos que poderiam tornar a política para organização do fluxo de produtos vulnerável ao longo do tempo, a premissa básica da análise de sustentabilidade é a manutenção da política em curso (GHEMAWAT, 1991).

Já a flexibilidade de uma política para a organização do fluxo de produtos trataria da necessidade de a mesma ser revista ao longo do tempo. A opção que possuísse maior mobilidade poderia permitir a criação de valor adicional em condições de extrema incerteza.

Finalmente, deve ser observado que o termo *flexibilidade* na estratégia logística para produtos acabados pode apresentar dois significados distintos. O termo pode estar relacionado com a capacidade de mudança na política para a organização do fluxo de produtos, considerando-se os comprometimentos em recursos assumidos em função de decisões passadas (flexibilidade estratégica). Por outro lado, o termo poderia estar relacionado com a capacidade de resposta das operações às necessidades dos clientes com relação a tempo de entrega, volume e escopo dos pedidos (flexibilidade operacional).

LEITURAS SUGERIDAS

AMSTEL, M. J.; AMSTEL, W. Economic trade-offs in physical distribution: a pragmatic approach. *International Journal of Physical Distribution & Materials Management*, [s.l.], v. 17, n. 7, p. 15-54, 1987.

BALLOU, R. H. *Business logistics management.* 5ª. ed. New York: Prentice Hall, 2003. 816 p.

BOONE, L. E.; KURTZ, D. L. *Marketing contemporâneo:* tradução da 12ª. ed. norte-americana. São Paulo: Cengage Learning, 2008. 832 p.

BOWERSOX, D. J. et al. *Gestão logística da cadeia de suprimentos.* 4ª. ed. Porto Alegre: AMGH; Bookman, 2015. 472 p.

CARTER, J. R.; FERRIN, B. G. Transportation costs and inventory management: why transportation cost matter. *Production and Inventory Management Journal*, [s.l.], v. 37, n. 3, p. 58-62, third quarter 1996.

CHRISTOPHER, M. *Logística e gerenciamento da cadeia de suprimentos:* tradução da 4ª. edição norte-americana. São Paulo: Cengage Learning, 2012. 344 p.

CHRISTOPHER, M. The agile supply chain: competing in volatile markets. *Industrial Marketing Management*, [s.l.], v. 29, n. 1, p. 37-44, Jan. 2000.

COOPER, J. C. Logistics strategies for global business. *International Journal of Physical Distribution and Logistics Management*, [s.l.], v. 23, n. 4, p. 12-23, 1993.

DE LEEUW, S. D.; VAN GOOR, A. R.; VAN AMSTEL, R. P. The selection of distribution control techniques. *The International Journal of Logistics Management*, [s.l.], v. 10, n. 1, p. 97-112, 1999.

DELL, M.; FREDMAN, C. *Direct from Dell: strategies that revolutionized an industry.* 2ª. ed. New York: HarperBusiness, 2006. 272 p.

DORNIER, P. P. et al. *Global operations and logistics: text and cases.* New York: John Wiley & Sons, 1998. 480 p.

EVERS, P. T. The effect of lead times on safety stocks. *Production and Inventory Management Journal*, [s.l.], v. 40, n. 2, p. 6-10, second quarter 1999.

GHEMAWAT, P. *A estratégia e o cenário dos negócios.* 3ª. ed. Porto Alegre: Bookman, 2012. 215 p.

GHEMAWAT, P. *Commitment: the dynamic of strategy.* New York: Free Press, 1991. 178 p.

GUILTINAN, J. P. Planned and evolutionary changes in distribution channels. *Journal of Retailing*, [s.l.], v. 50, n. 2, p. 79-91, summer 1974.

HANKE, J. E.; WICHERN, D. W. *Business forecasting.* 9ª. ed. New York: Pearson, 2009. 584 p.

HARRISON, A.; VOSS, C. Issues in setting up JIT supply. *International Journal of Operations and Production Management*, [s.l.], v. 10, n. 2, p. 84-93, 1990.

HAYES, R. H.; PISANO, G. P. Beyond World-Class: The New Manufacturing Strategy. *Harvard Business Review*, Brighton, v. 72, n. 1, p. 77-86, Jan.-Fev. 1994. Disponível em: <https://hbr.org/1994/01/beyond-world-class-the-new-manufacturing-strategy>. Acesso em: 28 set. 2018.

HAYES, R. H.; WHEELWRIGHT, S. C. *Restoring our competitive edge: competing through manufacturing.* New York: John Wiley & Sons, 1984. 427 p.

HOEK, R. I. Logistics and virtual integration: postponement, outsourcing and the flow of information. *International Journal of Physical Distribution & Logistics Management*, [s.l.], v. 28, n. 7, p. 508-523, 1998a.

HOEK, R. I. Reconfiguring the supply chain to implement postponed manufacturing. *International Journal of Logistics Management*, [s.l.], v. 9, n. 1, p. 95-110, 1998b.

HORNGREN, C. et al. *Introduction to management accounting.* 16ª. ed. New Jersey: Pearson, 2014. 864 p.

INMAN, R. Are you implementing a pull system by putting the cart before the horse? *Production and Inventory Management Journal*, v. 40, n. 2 (Second Quarter), p. 67-71, 1999.

JAYARAMAN, V. Transportation, facility location and inventory issues in distribution network design. *International Journal of Operations & Production Management*, [s.l.], v. 18, n. 5, p. 471-494, 1998.

KWAN, A. The use of information technology to enhance supply chain management in the electronics and chemical industries. *Production and Inventory Management Journal*, [s.l.], v. 40, n. 3, p. 7-15, third quarter 1999.

LAMBERT, D. M.; STOCK, J. R.; ELLRAM, L. M. *Fundamentals of logistics management.* New York: Irwin; McGraw Hill, 1997. 640 p.

LANDVATER, D. V. *World class production and inventory management.* 2ª. ed. New York: John Wiley & Sons, 1997. 304 p.

LI, L. The role of inventory in delivery-time competition. *Management Science*, [s.l.], v. 38, n. 2, p. 182-198, Feb. 1992.

MENTZER, J. T.; BIENSTOCK, C. C. *Sales forecasting management: understanding the techniques, systems, and management of the sales forecasting process.* Thousand Oaks: Sage Publications, 1998. 288 p.

MENTZER, J. T.; KAHN, K.; BIENSTOCK, C. C. *Sales forecasting executive study.* Knoxville: University of Tennessee Press, 1996.

MOHN, N. C. Practical guidelines for forecasters. In: JAIN, C. L.; MALEHORN, J. (Eds.). *Practical guide to business forecasting*. 2ª. ed. Flushing: Graceway, 2005. p. 6-13.

PAGH, J. D.; COOPER, M. C. Supply chain postponement and speculation strategies: how to choose the right strategy. *Journal of Business Logistics*, [s.l.], v. 19, n. 2, p. 13-33, 1998. Disponível em: <https://doc.uments.com/g-supply-chain-postponement-and-speculation-strategies-how-to-choose.pdf>. Acesso em: 28 set. 2018.

PASQUAL, C. A. *Características do negócio como determinantes do posicionamento logístico no setor de máquinas e implementos agrícolas na mesorregião noroeste rio-grandense*. 2005. 132 f. Dissertação (Mestrado em Agronegócio)– Universidade Federal do Rio Grande do Sul, Porto Alegre, 2005. Disponível em: <https://lume.ufrgs.br/handle/10183/6770>. Acesso em: 28 set. 2018.

PIRES, S. R. I. Gestão da cadeia de suprimentos e o modelo de consórcio modular. *Revista de Administração da USP*, São Paulo, v. 33, n. 3, p. 5-15, jul.-set. 1998. Disponível em: <http://200.232.30.99/busca/artigo.asp?num_artigo=128>. Acesso em: 28 set. 2018.

POLÍTICA de estoque. *Portal Educação*, [s.l.], 20 jul. 2015. Disponível em: <https://www.portal-educacao.com.br/conteudo/artigos/administracao/politica-de-estoque/65114>. Acesso em: 28 set. 2018.

PORTER, M. Towards a dynamic theory of strategy. *Strategic Management Journal*, [s.l.], v. 12, n. 4, p. 95-117, winter 1991.

PROENÇA, A. Dinâmica estratégica sob uma perspectiva analítica: refinando o entendimento gerencial. *Arché*, Rio de Janeiro, v. 8, n. 23, p. 95-134, 1999.

ROMERO, B. P. The other side of supply management. *Production and Inventory Management Journal*, [s.l.], v. 32, n. 4, p. 1-3, fourth quarter, 1991.

SHARMAN, G. The rediscovery of logistics. *Harvard Business Review*, Brighton, v. 62, n. 5, p. 71-79, Sep.-Oct. 1984.

SILVER, E. A.; PETERSON, R. *Decision systems for inventory management and production planning*. 2ª. ed. New York: John Wiley & Sons, 1985. 736 p.

SIMCHI-LEVI, D.; KAMINSKY, P. *Cadeia de suprimentos projeto e gestão: conceitos, estratégias e estudos de caso*. Porto Alegre: Bookman, 2011. 584 p.

STALK JUNIOR, G. Time: The next source of competitive advantage. *Harvard Business Review*, Brighton, v. 66, n. 4, p. 41-51, July-Aug. 1988. Disponível em: <https://hbr.org/1988/07/time-the-next-source-of-competitive-advantage>. Acesso em: 28 set. 2018.

WATERS, D. *Inventory control and management*. 2ª. ed. New York: Wiley & Sons, 2013. 384 p.

WEMMERLÖV, U. Assemble-to-order manufacturing implications for materials management. *Journal of Operations Management*, [s.l.], v. 4, n. 4, p. 347-368, Aug. 1984.

ZINN, W.; BOWERSOX, D. J. Planning physical distribution with the principle of postponement. *Journal of Business Logistics*, [s.l.], v. 9, n. 2, p. 117-136, 1988.

ZINN, W.; LEVY, M.; BOWERSOX, D. Measuring the effect of inventory centralization/decentralization on aggregate safety stock: "the square root law" revisited. *Journal of Business Logistics*, [s.l.], v. 10, n. 1, p. 1-13, 1989.

ZIPKIN, P. The limits of mass customization. *MIT Sloan Management Review*, Cambridge, v. 42, n. 3, p. 81-87, spring 2001.

capítulo 4

Operacionalização da Pesquisa de Campo sobre a Organização do Fluxo de Produtos

OBJETIVO DO CAPÍTULO

- Apresentar as quatro diferentes áreas metodológicas do projeto de uma pesquisa de campo (técnicas de amostragem, construção e validação de escalas, desenvolvimento do questionário e escolha das técnicas estatísticas para os testes de hipóteses).
- Abordar os procedimentos adotados para operacionalização em um plano de análise dentro do contexto da pesquisa.

PROCESSO AMOSTRAL E ERRO AMOSTRAL

Com muita frequência, não é possível examinar toda a população cujos atributos deseja-se analisar. Nesses casos, recorre-se ao exame de uma amostra, ou seja, de uma fração dessa população. Uma característica do processo amostral que deve ser observada num programa de pesquisa é a representatividade (FOWLER JUNIOR, 2013). Uma amostra só pode representar a população que realmente tem a chance de ser selecionada. Essa afirmação implica a necessidade primordial de estabelecer os limites da população no início do processo amostral.

Já foi demonstrado formalmente que, se o processo amostral segue critérios aleatórios, a amostra tem a máxima verossimilhança de reproduzir os parâmetros da população, e é possível avaliar a magnitude do erro amostral incorrido (MOSER; KALTON, 1971; CASTRO, 2006; FOWLER JUNIOR, 2013). A premissa subjacente a esta avaliação do erro amostral considera válida sua aproximação pela **Distribuição Normal**.

SAIBA MAIS

Critérios aleatórios são critérios não tendenciosos, em que a probabilidade de escolha de cada indivíduo é a mesma dentro da população.

Uma situação típica em que é válida esta aproximação envolveria a amostragem sem repetição numa população infinita, ou suficientemente grande para que fosse considerada infinita do ponto de vista estatístico (COCHRAN, 1977). A importância de um processo amostral aleatório depende em boa parte do tipo de informação que o projeto de pesquisa deseja inferir com base nos dados coletados (CASTRO, 2006).

EXEMPLO 1

Considere um projeto de pesquisa que busca estimar os parâmetros da população a partir da amostra. Nesse caso, a importância da amostragem aleatória será crucial, pois as diferenças entre os parâmetros da amostra e os da população seriam devidos exclusivamente ao acaso, ou seja, à flutuação da amostragem. Já em um projeto de pesquisa que busca identificar correlações entre as variáveis estudadas, a amostragem aleatória pode ser relegada ao segundo plano, pois "este tipo de problema é muito menos sensível à não aleatoriedade da amostra" (CASTRO, 2006). O autor prossegue: "as questões mais importantes da ciência têm mais a ver com relações de causa e efeito, ou interações, do que com mensuração de parâmetros".

Percebe-se que a amostragem não aleatória também pode fornecer informações extremamente úteis e relevantes a um projeto de pesquisa. Entretanto, não podem ser imputadas à amostragem não aleatória as propriedades intrínsecas de processos amostrais aleatórios. Por exemplo, não é possível realizar inferências a respeito dos parâmetros populacionais (média e variância), ainda que a ordem de grandeza das estimativas obtidas em processos amostrais não aleatórios possa ser utilizada, com a devida cautela, para os propósitos da pesquisa (CASTRO, 2006).

Finalmente, Castro (2006) sustenta que não existe nenhum critério metodológico que forneça razões imperativas para a amostragem aleatória em todas as circunstâncias. Sob o princípio da evidência total, "a ciência nos diz para usar toda a evidência disponível, e usá-la com rigor e eficiência". A garantia do tratamento científico num projeto de pesquisa "não é alguma regra rígida e imutável, como a necessidade de usar amostras aleatórias, mas o princípio geral de que deve ser adotado o tratamento mais rigoroso disponível e que o procedimento seja eficiente".

ESTRATIFICAÇÃO E FRAÇÕES AMOSTRAIS

Em uma amostra estratificada, a população é dividida em subpopulações que não se sobrepõem e juntas totalizam o tamanho da população definida inicialmente. Essas subpopulações são chamadas de estratos, com base nos quais são coletadas as amostras independentes entre si. A estratificação é uma técnica comum, e dentre as diferentes razões da estratificação estão os ganhos de precisão com relação às estimativas populacionais. Não haveria ganho de precisão se a estratificação fosse feita com base numa característica que não estivesse relacionada com o objeto da pesquisa, já que as características dos diferentes estratos não difeririam entre si (CONOVER, 1999). Cochran (1977) aponta que a satisfação na estratificação requer duas condições que aumentam a precisão das estimativas:

- Representação de diferenças em termos do setor de atuação, localização geográfica, tamanho e outras características relevantes que as descrevem e as delimitam em subpopulações;
- Inclusão das principais variáveis a serem mensuradas (p. ex., decisões e características do negócio). Suspeitas, *a priori*, são fortemente relacionadas com a(s) característica(s) apresentada(s) no item anterior.

De acordo com Moser e Kalton (1971), a estratificação não exige que a fração amostral seja a mesma para cada estrato. Apesar do ganho de precisão nas estimativas ser uma importante razão para a utilização de frações amostrais uniformes, poderia existir a situação em que seu uso levaria um pequeno estrato a fornecer uma pequena proporção de toda a amostra, de modo que nenhum resultado significativo pudesse ser gerado para esse estrato separadamente. Uma maior fração amostral poderia ser empregada para gerar resultados significativos. De fato, se o estrato fosse muito pequeno, a fração amostral poderia chegar a até 100%.

As frações amostrais devem ser proporcionais aos desvios-padrão de cada estrato, nem sempre conhecidos *a priori*. Um modo alternativo seria relacionar as frações amostrais a alguma outra medida associada aos desvios-padrão amostrais. Por exemplo, os desvios-padrão dos estratos seriam, de certo modo, proporcionais às médias dos estratos. As frações amostrais poderiam, então, ser definidas proporcionalmente às médias amostrais de cada estrato, constituindo esta operação uma aproximação suficientemente robusta (MOSER; KALTON, 1971).

DICA Para resolver a questão sobre "o que deve ser feito quando a pesquisa direciona diversas variáveis e não apenas uma?", as frações amostrais ideais para uma determinada variável talvez não devam ser as mesmas para outra variável. De acordo com a literatura, não há solução para este impasse, que deve ser contornado pela definição das prioridades da pesquisa no contexto de um plano de análise. É com base nas prioridades da pesquisa que devem ser definidos o processo amostral, a estratificação e as frações amostrais quando existem diversas variáveis em estudo.

TAMANHO AMOSTRAL

Entre as diversas questões envolvidas na amostragem, a principal está relacionada ao quão grande deve ser o tamanho da amostra. Segundo Fowler Junior (2013), um equívoco bastante comum é considerar que a adequação da amostra depende fortemente da fração amostral coletada. Na realidade, as estimativas dos erros amostrais em procedimentos aleatórios e estratificados (uniformes ou não uniformes por estrato) não consideram a fração amostral, mas sim o tamanho amostral (COCHRAN, 1977; MOSER; KALTON, 1971).

Outro equívoco frequente está relacionado à definição do tamanho da amostra com base na margem de erro aceitável para os propósitos da pesquisa. A princípio, não haveria nada de errado com esta abordagem, que necessitaria de uma estimativa *a priori*, por parte do pesquisador, sobre qual o percentual da população estaria relacionado com a variável ou fenômeno que se desejaria estudar (MOSER; KALTON, 1971; FOWLER JUNIOR, 2013). Na prática, entretanto, esta abordagem possui pequeno valor. Primeiramente, porque é pouco usual basear a decisão do tamanho da amostra na precisão desejada para apenas uma estimativa. A grande maioria das pesquisas de campo é destinada para a produção de numerosas estimativas, que podem variar caso a caso. Uma amostra suficientemente grande para uma estimativa poderia ser inadequada para outra que demandasse maior precisão.

A decisão final sobre o tamanho da amostra é governada pelo método de análise dos resultados, sendo necessário que o projeto de pesquisa considere, na etapa de formulação das perguntas e das hipóteses a serem testadas, seus desdobramentos desde a tabulação até os resultados (MOSER; KALTON, 1971). Fowler Junior (2013) afirma que o principal pré-requisito para a determinação do tamanho da amostra é a definição do plano de análise. Sua componente chave não é a significância dos intervalos de confiança para toda a amostra, mas sim para os estratos da população total. Fowler Junior (2013) conclui que a maioria das decisões amostrais não foca em estimativas para a população total; ao contrário, ela está concentrada no tamanho amostral mínimo tolerável para cada um dos subgrupos ou estratos de importância.

VALIDADE DA APROXIMAÇÃO PELA DISTRIBUIÇÃO NORMAL

A confiança de que a aproximação pela Distribuição Normal seria adequada para a maior parte das situações práticas tem diferentes origens. A principal delas é o Teorema do Limite Central (CONOVER, 1999), no qual a distribuição da média amostral tende para a normalidade, na medida que o tamanho da amostra aumenta. Esse resultado refere-se a populações infinitas, ou suficientemente grandes para serem consideradas infinitas do ponto de vista estatístico.

Para a amostragem sem reposição em populações finitas, alguns trabalhos procuraram estabelecer as condições necessárias e suficientes para que a distribuição das médias amostrais tendesse à normalidade (COCHRAN, 1977). Entretanto, distribuições não normais variariam enormemente tanto em sua natureza, quanto no seu grau de afastamento das distribuições normais. O processo amostral não pode assumir que a distribuição de frequências seja razoavelmente próxima da normalidade. Segundo Cochran (1977), as distribuições das variáveis em diferentes unidades de análise econômica (setores, indústrias, lojas, fazendas) normalmente apresentam forte assimetria.

EXEMPLO 2

Na discussão sobre a validade da aproximação pela Distribuição Normal, deve ser definido o que significa ser "preciso o suficiente". No contexto da amostragem aleatória, a aproximação pela Distribuição Normal seria utilizada primariamente para o cálculo de intervalos ou limites de confiança.

Cochran (1977) aponta que, a partir do estudo de populações assimétricas finitas, distorções significativas podem ocorrer na capacidade preditiva dos intervalos de confiança, construídos com base no pressuposto da normalidade.

Não há regra geral sobre qual deveria ser o tamanho da amostra (n) para o uso da aproximação pela Distribuição Normal no cálculo de intervalos de confiança. Entretanto, Cochran (1977) aponta uma regra particularmente útil para determinação do tamanho de n:

$$n > 25G^2$$

Onde:
G é o coeficiente de assimetria de Fisher.

Dependendo do valor do coeficiente de assimetria e do tamanho da população finita, a aproximação pela Normal poderia se tornar impraticável, uma vez que o tamanho da amostra poderia ser tão grande quanto o próprio tamanho da população.

SAIBA MAIS Para entender melhor o conceito de assimetria de dados, veja o vídeo disponível em: https://www.youtube.com/watch?v=Wxv4J3fDhr8.

MÉTODOS PARAMÉTRICOS E NÃO PARAMÉTRICOS

Os métodos de inferência estatísticos têm como ponto de partida a escolha de um parâmetro populacional (média, variância, correlação, covariância etc.) sobre o qual se deseja obter conclusões a respeito. Para isso, deve ser coletada uma amostra, estabelecida uma estimativa pontual do parâmetro e empregada uma distribuição amostral para a construção de testes de hipóteses, de regras de decisão ou para o estabelecimento de intervalos de confiança. Esses métodos são conhecidos como paramétricos, visto que demandam a escolha de um parâmetro populacional, uma estimativa pontual deste parâmetro e uma distribuição amostral (PFAFFENBERGER; PETTERSON, 1977). Em essência, os métodos paramétricos dependem do conhecimento prévio da distribuição populacional da variável em estudo, sendo frequentemente assumido que a variável populacional é normalmente distribuída.

Castro (2006) aponta que se:

> "a distribuição é desconhecida, os testes de hipóteses convencionais deverão, em princípio, ser rejeitados até que se mostre empiricamente sua validade [...] observa-se, nesse sentido, um certo descaso por parte de um grande número de pesquisadores que, na ânsia de testar alguma coisa, aplicam sem qualquer constrangimento testes normais em distribuições desconhecidas ou sabidamente assimétricas".

DICA Apesar de pouco conhecidos, os métodos não paramétricos frequentemente oferecem alternativas seguras e convenientes para situações nas quais as distribuições são "mal comportadas".

Os métodos não paramétricos ou sem distribuição populacional definida (*distribution free*) são adequados quando uma ou mais premissas dos métodos paramétricos não são satisfeitas pelos dados. A partir das principais escalas de medição de variáveis, é possível definir os métodos estatísticos não paramétricos (CONOVER, 1999). Um método é chamado "não paramétrico" se satisfizer pelo menos uma das seguintes condições:

- Ser apropriado para escalas nominais;
- Ser apropriado para escalas ordinais;
- Ser apropriado para escalas de razão, mas com a distribuição populacional desconhecida.

Em resumo, os métodos não paramétricos apresentam diversas vantagens sobre os métodos paramétricos, sendo a mais importante delas o fato das estatísticas não paramétricas não assumirem que a variável aleatória da população tenha uma distribuição específica. Em outras palavras, o formato da distribuição amostral não teria como pressuposto o formato da distribuição populacional ou de qualquer outra distribuição.

CONSTRUÇÃO E VALIDAÇÃO DE ESCALAS

A construção de escalas desempenha um papel essencial quando se deseja coletar ou medir diferentes variáveis na amostra. A natureza da escala é de crucial importância no projeto de pesquisa, afetando diretamente sua operacionalização. Isso porque as propriedades de uma escala restringem a escolha do método estatístico a ser adotado. Em outras palavras, as variáveis não devem ser tratadas com métodos que pressupõem propriedades que sua escala não possui (CASTRO, 2006). No Quadro 4.1, é apresentada uma breve descrição sobre os diferentes tipos de escala.

Quadro 4.1 Tipos de escalas.	
Escala nominal	É a escala mais simples, que classifica a amostra em dois ou mais grupos, em função de diferenças relativas à característica que está servindo de base para a análise, sem a preocupação de estar sendo estabelecida uma pontuação ou distância entre os grupos. Está mais para um modo de classificação do que para uma disposição dos grupos ao longo de um *continuum* (p. ex., raça, gênero e nacionalidade). As escalas nominais também são conhecidas como escalas categóricas, qualitativas ou classificatórias. Exemplo: classificação de um grupo de empresas pesquisadas por setor da economia ou por indústria.
Escala ordinal	Mais ampla em termos de funcionalidades e propriedades, ordena a amostra ao longo de um *continuum* relacionado à característica que está servindo de base para a análise. A ordenação, no entanto, não implica o estabelecimento de distâncias absolutas ou relativas entre as posições da escala (p. ex., melhor, pior e neutro).
Escala cardinal ou intervalar	Composta por unidades equivalentes de mensuração, o que torna possível interpretar não apenas a relativa ordem entre as unidades amostrais, mas também a distância entre as mesmas. A posição do marco zero é definida de acordo com os objetivos da pesquisa, o que torna impraticável a multiplicação ou a divisão dos valores nesta escala. Exemplo: escala usada para medir a temperatura em graus Celsius ou Fahrenheit, em que o zero é arbitrário.
Escala de razão	Possui as propriedades da escala cardinal e uma origem ou ponto zero fixo. Através de uma escala de razão, torna-se possível comparar as diferenças entre as medições e a magnitude relativa das medições. As escalas de razão apresentam perfeita correspondência (isomorfismo) com o sistema de numeração. Exemplo: pesos, distâncias, tempos, custos, volumes e quantidades.

Fonte: Moser e Kalton (1971); Castro (2006).

A validação de escalas é um processo complexo, composto por diferentes etapas que objetivam assegurar a correta mensuração do fenômeno (MENTZER; FLINT, 1997): validação nomológica, validação de conteúdo, validação de convergência, validação discriminante e confiabilidade (DUNN; SEAKER, WALLER, 1994; GARVER; MENTZER, 1999). A seguir, apresentamos uma descrição sucinta dessas etapas.

- **Validação nomológica**: envolve o grau de aderência da escala à rede de encadeamentos lógicos da teoria, constituindo uma medida da correspondência teórica entre o conceito e a escala. Não existem testes estatísticos para a validação nomológica, que é estritamente qualitativa e cuja relevância transcende o método de pesquisa adotado.
- **Validação de conteúdo**: é uma medida de quão bem o significado de um conceito é capturado por uma escala.
- **Validação de convergência**: deve ser observada quando existem diferentes escalas para avaliar um mesmo conceito (variável latente). Nesse caso, todas as escalas deveriam estar relacionadas entre si, convergindo estatisticamente para um fator comum.
- **Validação discriminante**: observa-se se uma única escala está relacionada a diferentes conceitos ou estados distinguíveis dentro de um conceito.
- **Validação de confiabilidade:** é definida como o quão consistentemente as escalas utilizadas produzem os mesmos resultados em diferentes replicações.

A validação de escalas assume dois caminhos metodologicamente distintos quando é considerada a natureza da variável ou conceito que se deseja medir. Se o conceito ou variável em estudo for passível de observação direta e de definição através de uma escala de razão unidimensional, a validação nomológica e a de conteúdo são as componentes mais críticas, podendo ser descartadas a validação de convergência e a discriminante (MENTZER; FLINT, 1997; GARVER; MENTZER, 1999). Exemplos neste sentido são as variáveis operacionais ou caracterizadoras da operação, como o percentual de pedidos atendidos e o nível de estoque disponível, além das demais variáveis relacionadas com pesos, distâncias, tempos, custos, volumes e quantidades. Por outro lado, escalas para variáveis latentes como percepções sobre a qualidade do serviço, a importância de dimensões do serviço ao cliente, o desempenho do serviço logístico etc., devem passar por todas as etapas da validação. Isso porque, conforme apontam Moser e Kalton (1971), "existem praticamente infinitas maneiras possíveis de se construir escalas para mensuração de atitudes (variáveis latentes)", contrariamente à relação unívoca entre escala e conceito, no caso das variáveis passíveis de observação direta.

VALIDAÇÃO DA PESQUISA

A validação da pesquisa depende de uma hierarquia de procedimentos concebidos para assegurar que as conclusões do estudo possam ser afirmadas com alguma confiabilidade. Segundo Mentzer e Flint (1997), o processo de validação de uma pesquisa seria composto por quatro etapas:

- Validação das conclusões estatísticas;
- Validação interna;
- Validação externa.

Validação das conclusões estatísticas

A validação das conclusões estatísticas refere-se à existência de correlação significativa entre duas variáveis. Para que as conclusões de uma pesquisa sejam válidas do ponto de vista estatístico, três questões devem ser respondidas:

1. As escalas são suficientemente sensíveis para capturar pequenas diferenças na variação das variáveis, de modo a permitir conclusões sobre a variação conjunta?
2. Qual é a evidência de que as variáveis estudadas variam conjuntamente?
3. O quão forte é a evidência de que as duas variáveis estudadas variam conjuntamente?

A resposta à primeira questão recai sobre os conceitos de precisão e controle. A precisão de uma escala é derivada não apenas de suas propriedades intrínsecas, mas também de sua unidade de mensuração e do fenômeno em estudo. Ambos devem ter a mesma ordem de grandeza, de modo que a escala consiga capturar variações sutis no fenômeno estudado. O controle busca assegurar que uma terceira variável não esteja distorcendo as conclusões inferidas sobre a variação conjunta, sendo a mensuração a principal técnica de controle empregada em pesquisas de campo na logística (MENTZER; FLINT, 1997). A mensuração de terceiras variáveis é uma das principais razões para a coleta de dados demográficos na pesquisa logística. Em outras palavras, se o arcabouço teórico permite testar a hipótese que um fator afeta a relação entre duas variáveis X e Y, então deveria ser esperada uma relação significativa entre os resultados encontrados sobre X, Y e o fator. As respostas à segunda e à terceira questão repousam na escolha adequada dos métodos estatísticos para a mensuração da magnitude e da significância dos coeficientes de correlação.

Validação interna

Quando as conclusões apontam a existência de correlação entre duas variáveis X e Y, na validação interna busca-se evidências se a relação é causal, ou seja, se X causa Y, e não vice-versa. Minimamente, para estabelecer que X causa Y, é necessário coletar evidências estatísticas válidas de que X e Y variam conjuntamente e que X sempre precede Y. Essa fundamentação decorre da aplicação lógica indutiva do arcabouço teórico, para explicar porque X deve causar Y e não vice-versa. A lógica de porque X causa Y não pode ser estabelecida sem uma base teórica. Uma teoria, conforme exposto anteriormente, consiste em um encadeamento lógico que define e organiza fenômenos, variáveis e suas relações.

É apenas através da estrutura semântica (ou seja, das definições) de uma teoria, que pode emergir a explicação lógica de porque X causa Y e a argumentação de que não faz sentido Y causar X. Teorias são derivadas da literatura especializada e de observações do mundo real. Dessa forma, são as conclusões lógicas induzidas por observações e por relatos da literatura que proporcionam as definições e as explicações teóricas para as variáveis em estudo, possibilitando a validação interna da pesquisa.

Validação externa

Já a validação externa refere-se a que grau os resultados e as conclusões da pesquisa podem ser generalizados para toda a população. Especificamente, a validação externa englobaria duas etapas: generalização estatística e replicação conceitual. A única maneira de estabelecer evidências de generalização estatística seria através da repetição de estudos com novas amostras da população. Quando os resultados teóricos são corroborados, as conclusões apontam para uma crescente evidência com relação à validação externa. Caso nenhum outro estudo seja realizado, a generalização estatística dos resultados e das conclusões deve permanecer restrita à amostra (MENTZER; FLINT, 1997). A replicação conceitual deriva do compartilhamento do plano de análise com outros pesquisadores para futuras replicações, permitindo a generalização estatística dos resultados a partir de outros estudos.

PROJETO DO QUESTIONÁRIO

Um dos principais aspectos ao projetar um questionário é definir claramente quais questões devem ser respondidas por quem. Questões ambíguas podem produzir respostas não comparáveis, questões tendenciosas, respostas viesadas, questões vagas e respostas vagas. O primeiro passo no projeto de um questionário passa pela definição do objetivo da pesquisa de campo, seguido da decisão sobre que questões perguntar. Um questionário não deve ser maior do que o absolutamente necessário para atender aos propósitos da pesquisa (MOSER; KALTON, 1971).

Ao considerar determinada questão, deve-se avaliar se os respondentes (população-alvo) possuiriam o conhecimento ou teriam acesso à informação necessária para fornecer as respostas corretas. As questões de uma pesquisa de campo poderiam estar relacionadas a fatos, opiniões, motivações e conhecimentos (FOWLER JUNIOR, 2013), sendo que os principiais aspectos metodológicos na construção de questionários emergiriam na medida que fossem consideradas questões sobre fatos ou opiniões (MOSER; KALTON, 1971). A diferença principal entre estes tipos de questões seria a flexibilidade para apresentar, explicar ou perguntar a mesma questão com outras palavras. Com questões factuais, seria permitido aos entrevistadores tomar quaisquer medidas necessárias para assegurar a correta interpretação das questões por parte dos entrevistados. Já com questões opinativas, esta flexibilidade pode se tornar extremamente arriscada, e não deveria ser permitida, pois diversos estudos apontam que diferentes maneiras de perguntar a mesma questão influenciam significativamente os resultados (MENTZER; KAHN, 1995).

DICA — Questões envolvendo classificação ou escalas nominais devem ser apresentadas ao final do questionário, evitando sobrecarregar os primeiros minutos da entrevista. Esses minutos devem ser sempre destinados para questões de mais fácil compreensão e pronta resposta. Nos primeiros minutos da entrevista, gerenciar os entrevistados na direção precisa dos fatos é o principal obstáculo (FOWLER JUNIOR, 2013).

Moser e Kalton (1971) apresentam alguns princípios que devem ser considerados na elaboração de questões:

- As questões devem ser tão específicas quanto possível, seja com relação aos seus limites conceituais, seja com relação a sua colocação em termos de uma linguagem comum e familiar ao entrevistado.
- A linguagem das questões deve ser tão genérica quanto possível, a menos que os entrevistados pertençam a uma atividade específica, tornando desejável o emprego de termos técnicos.
- Questões ambíguas e vagas devem ser evitadas. Perguntas envolvendo termos "do tipo", "geralmente", "frequentemente", "muito" e "por quê" podem levar para respostas ambíguas e imprecisas.
- Questões que direcionam, presumem ou teorizam a resposta do entrevistado também devem ser evitadas.

PLANO DE ANÁLISE

A definição do plano de análise é relevante não apenas para permitir a replicação conceitual da pesquisa, mas também para a formalização de diversos outros aspectos como a escolha do método estatístico, o tamanho da amostra e a construção de escalas, todos profundamente interligados.

O plano de análise está estruturado em seis pontos principais, apresentados nos itens a seguir.

Estabelecimento de prioridades para as diferentes perguntas ou objetivos da pesquisa

Considerando as perguntas da pesquisa apresentadas anteriormente, com relação ao enfoque estático, a prioridade da pesquisa de campo é identificação, mensuração e descrição das relações de causa e efeito, das interações e do controle entre as variáveis estudadas, mais especificamente entre as características do produto, da operação e da demanda e as decisões e políticas para a organização do fluxo de produtos.

O estabelecimento da prioridade de pesquisa demanda o controle demográfico na mensuração dessas relações por diferentes setores da economia, para fins de validação das conclusões estatísticas. Em outras palavras, busca-se capturar os efeitos de diferentes unidades amostrais pertencerem a diferentes setores da economia na mensuração das correlações entre características e decisões. A lógica subjacente a este controle repousa na indução teórica de que diferentes setores poderiam implicar em diferentes características, as quais refletiriam diferentes *trade-offs* custo *vs.* custo e custo *vs.* serviço, os quais, por sua vez, implicariam um conjunto diferente de decisões.

Delimitação da população no projeto de pesquisa

Para ilustrar melhor este conceito, acompanhe o exemplo detalhado a seguir.

EXEMPLO 3

A população utilizada como ponto de partida para a pesquisa é definida pelo conjunto das 500 empresas que compõem a lista da publicação *Exame Melhores e Maiores*. A delimitação da população observou as seguintes razões:

- A publicação *Exame Melhores e Maiores* é reconhecida fonte de pesquisa e consulta no meio empresarial e acadêmico brasileiro.
- Estas 500 empresas são as de maior peso relativo e absoluto em seus respectivos setores em termos de faturamento, consubstanciando considerável importância para a economia brasileira.
- É frequente a exposição destas empresas na imprensa especializada (Gazeta Mercantil, Valor Econômico, Exame, Isto É Dinheiro etc.).
- É possível que seja senso comum entre acadêmicos e empresários que muito provavelmente a maior parte das empresas brasileiras detentoras das melhores práticas (*benchmarks*) em seus respectivos setores pertença ao *ranking* da revista Exame.

A Tabela 4.1 apresenta em ordem alfabética os setores e o tamanho de cada uma das subpopulações que compõem o *ranking* Exame.

Conforme pode ser percebido, esta população é composta por 22 diferentes setores da economia (ou subpopulações), abrangendo atividades de cunho extrativo, industrial e de serviços. Os setores não possuem frações uniformes da população, ou seja, as subpopulações não são de igual tamanho, podendo variar de um máximo de 59 empresas (serviços públicos), a um mínimo de sete empresas (plásticos e borracha, e mecânica).

Em função da delimitação da abrangência da pesquisa aos reconhecidos setores industriais de bens de consumo duráveis e não duráveis que vendem necessariamente, mas não exclusivamente, para intermediários da cadeia, foram descartadas as subpopulações relacionadas aos setores primário e terciário da economia, além das subpopulações do setor secundá-

Tabela 4.1 Setores do *ranking* Exame – Melhores e Maiores.

Setor	Quantidade
Alimentício	40
Atacado e Comércio Exterior	30
Automotivo	31
Bebidas	11
Comércio Varejista	52
Confecções e Têxteis	10
Construção	10
Eletroeletrônicos	26
Farmacêutico	17
Higiene, Limpeza e Cosméticos	12
Material de Construção	12
Mecânica	7
Mineração	11
Papel e Celulose	14
Plásticos e Borracha	7
Químico e Petroquímico	46
Serviços de Transporte	14
Serviços Diversos	16
Serviços Públicos	59
Siderurgia e Metalurgia	32
Tecnologia e Computação	21
Telecomunicações	22
TOTAL	**500**

rio não enquadradas nesta restrição. Condicionantes de tempo e prazo impuseram restrições à pesquisa, que se limitou às seis maiores subpopulações do setor secundário de bens de consumo duráveis e não duráveis com venda para intermediários. A Tabela 4.2 indica, em negrito, os setores selecionados para a pesquisa de campo.

Tabela 4.2 Setores selecionados para a pesquisa de campo.

Subpopulações (em ordem decrescente de tamanho)	Tamanhos das subpopulações	Setor	Vendas de bens de consumo para intermediários
Serviços públicos	59	Terciário	Não se aplica
Comércio varejista	52	Terciário	Não se aplica
Químico e petroquímico	**46**	**Secundário**	**Sim**
Alimentício	**40**	**Secundário**	**Sim**
Siderurgia e metalurgia	32	Secundário	Não
Automotivo	**31**	**Secundário**	**Sim**
Atacado e comércio exterior	30	Terciário	Não se aplica
Eletroeletrônicos	**26**	**Secundário**	**Sim**
Telecomunicações	22	Terciário	Não se aplica
Tecnologia e computação	**21**	**Secundário**	**Sim**
Farmacêutico	**17**	**Secundário**	**Sim**
Serviços diversos	16	Terciário	Não se aplica
Papel e celulose	14	Secundário	Sim
Serviços de transporte	14	Terciário	Não se aplica
Higiene, limpeza e cosméticos	12	Secundário	Sim
Material de construção	12	Secundário	Sim
Bebidas	11	Secundário	Sim
Mineração	11	Primário	Não se aplica
Confecções e têxteis	10	Secundário	Sim
Construção	10	Secundário	Não se aplica
Mecânica	7	Secundário	Sim
Plásticos e borracha	7	Secundário	Sim
TOTAL	**500**		

Dessa forma, as subpopulações (tamanhos) englobadas pela pesquisa de campo são as do setor Químico e Petroquímico (46), Alimentício (40), Automotivo (31), Tecnologia e Computação (26), Eletroeletrônico (21) e Farmacêutico (17). O tamanho total destas subpopulações perfaz 181 empresas, ou 36,2% do total de 500 empresas. Entretanto, se for considerado para efeito de definição populacional o conjunto de setores industriais de bens de consumo duráveis e não duráveis que vendem necessariamente, mas não exclusivamente, para intermediários, o tamanho da população é de 254 empresas. As seis subpopulações consideradas na pesquisa perfazem 71,3% deste total.

DEFINIÇÃO DO PROCESSO AMOSTRAL

Para explicar a definição do processo amostral, seguimos como o mesmo exemplo da seção anterior.

EXEMPLO 4

Para cada uma das seis subpopulações foram coletadas amostras obedecendo a um processo quase--aleatório (*quasi-random*) com repetição. O processo é quase-aleatório, pois, apesar da amostra de cada subpopulação ter sido gerada aleatoriamente, com base na relação de empresas da Revista Exame, parte das empresas contatadas inicialmente recusou-se a participar da pesquisa de campo. Isso levou a sua substituição por outras do mesmo setor/subpopulação que se dispusessem a participar da pesquisa (amostragem por conveniência). O processo é com repetição, pois de cada empresa foram coletadas informações referentes a dois SKUs: um classe A em faturamento e o outro classe C.

Mentzer e Kahn (1995) e Fowler Junior (2013) alertam para o risco de a amostragem por conveniência levar à seleção de empresas que corroboram os resultados esperados da pesquisa, sobretudo em países como os Estados Unidos e os membros da União Europeia, onde são realizadas anualmente centenas de pesquisas de campo. O autor relata a existência do seguinte fenômeno espúrio: quanto mais uma empresa é levada a participar de pesquisas de campo, mais suas respostas se aproximam das melhores práticas, pelo contato repetido com os pesquisadores e os instrumentos de pesquisa. Esse risco parece não existir no Brasil, em função do número ainda reduzido de pesquisas de campo realizadas todos os anos neste país. Além disso, a amostragem por conveniência não é adequada quando a população é infinita, quando é válida a premissa de aproximação pela Distribuição Normal e quando o objetivo maior da pesquisa é estimar os parâmetros populacionais (CASTRO, 2006).

DICA O fato de a população em estudo ser finita e de o objetivo maior da pesquisa ser o entendimento das relações entre variáveis minimiza as ameaças da amostragem por conveniência à validação do processo amostral.

Determinação do tamanho amostral e dos níveis de confiabilidade

A determinação do tamanho amostral para cada subpopulação tem como pano de fundo o entendimento e a interconexão das seguintes questões: aproximação pela Distribuição Normal, escolha do método estatístico e estratificação da amostra.

Aproximação pela Distribuição Normal

EXEMPLO 5

Considerando o tamanho das seis subpopulações em estudo, e supondo que todas sejam assimetricamente distribuídas com relação às características e às decisões que se deseja estudar, o tamanho amostral mínimo necessário para se concluir favoravelmente à aproximação pela Distribuição Normal deve ser superior a 25 unidades. Dessa forma, a aproximação pela Distribuição Normal não seria passível de ser adotada como premissa factível para as amostras das subpopulações dos setores de Tecnologia e Computação, Eletroeletrônico e Farmacêutico. Isso porque o tamanho amostral mínimo para evidenciar tal comportamento excede o tamanho da própria subpopulação. Devem ser utilizados, portanto, métodos estatísticos que observem as restrições existentes à aproximação pela distribuição Normal em parte das subpopulações, mesmo que isso não seja verificado nas demais subpopulações.

Escolha dos métodos estatísticos

Essa restrição à aproximação pela Normal torna imperativa a escolha de métodos estatísticos não paramétricos para a análise de correlação e para a análise multivariada dos dados. Nessas circunstâncias, Conover (1999) aponta o teste Tau-b de Kendall para a determinação das correlações e Hair *et al.* (1998) apontam a regressão logística para o estabelecimento de relações econométricas entre as variáveis.

A análise de correlação é normalmente empregada quando os dados podem ser descritos aos pares.

Na pesquisa avaliada, a totalidade das seis amostras coletadas consiste numa amostra aleatória bivariada de tamanho n, representada pelos pares (X_n, Y_n), onde X refere-se a uma característica e Y refere-se a uma decisão. Toda medida de correlação entre X e Y deve observar os seguintes pontos:

- Assumir valores entre -1 e $+1$.
- Se os maiores valores de X tendem a se emparelhar com os maiores valores de Y, e os menores valores de X e de Y tendem a se emparelhar, a medida da correlação deve ser positiva e próxima de $+1$.
- Se os maiores valores de X tendem a se emparelhar com os menores valores de Y e vice-versa, a medida da correlação deve ser negativa e próxima de -1.
- Se os valores de X parecem estar aleatoriamente emparelhados com os valores de Y, a medida da correlação deve ser próxima de zero. Este deve ser o caso quando X e Y são independentes.

O teste Tau-b de Kendall observa estes pontos (CONOVER, 1999). Segundo a lógica deste teste, dois pares são chamados "concordantes" se ambas as variáveis de um par são maiores que as respectivas variáveis do outra par. N_c denota o número de pares de observações concordantes no total de $n^{\star}(n-1)/2$ possíveis pares. Dois pares são chamados "discordantes" se as duas variáveis num par diferirem em sentidos opostos do outro par. Nd denota o número de pares de observações discordantes. Pares eventualmente iguais a outros pares não são nem concordantes nem discordantes. Como os n pares podem ser emparelhados de $n^{\star}(n-1)/2$ maneiras diferentes, a soma de Nc com Nd deve totalizar $n^{\star}(n-1)/2$. A medida de correlação proposta por Kendall (1938 apud CONOVER, 1999) é:

$$\text{Tau-b} = (Nc - Nd) / (n^{\star}(n-1)/2)$$

A hipótese nula do teste refere-se à não existência de dependência entre X e Y, ou seja, a não existência de correlação significativa entre as variáveis. Se $Nc - Nd$ exceder o percentil 90% ou 95% (0,10 ou 0,05 de significância, respectivamente) da estatística de teste Tau-b, rejeita-se a hipótese nula de não haver correlação entre as variáveis.

Quando existem diversas variáveis envolvidas, as técnicas de análise multivariada podem ser utilizadas para identificar o grupo ao qual pertence uma determinada variável. Por exemplo, Hair *et al.* (1998) relatam aplicações dessas técnicas na previsão do sucesso ou fracasso de um novo produto e na aceitação ou não de determinado aluno numa faculdade em função de diversas variáveis. Em cada aplicação, as variáveis são relacionadas aos grupos (sucesso/fracasso, aceitação/rejeição etc.), sendo avaliado para cada variável se a mesma pertenceria ou não a determinado grupo. Essa mesma lógica pode ser aplicada para o conjunto de características do negócio (variáveis), relacionando-as a determinada política ou decisão sobre a organização do fluxo de produtos (grupo).

A regressão logística é a técnica de análise multivariada mais apropriada quando a variável dependente é nominal, categórica ou *dummy* e as variáveis independentes pertencem à escala de razão. Essa técnica também é conhecida como análise *logit*, e é limitada em sua forma básica a apenas dois grupos. A regressão logística multinomial é capaz de lidar com mais de dois grupos simultaneamente. Quanto às análises de regressão logística simples e multinomial, ambas:

- Independem das premissas com relação à normalidade dos dados e igualdade das matrizes de covariância entre os grupos – premissas que não são satisfeitas em muitas situações concretas.
- São similares às análises de regressão linear simples e múltipla, respectivamente, pois apresentam testes estatísticos diretos, a possibilidade de incorporar efeitos não lineares e um grande potencial de diagnóstico.

SAIBA MAIS

Através da regressão logística, é possível prever a probabilidade de determinado conjunto de variáveis pertencer a determinado grupo. Para definir relação probabilística entre zero e um, a regressão logística tem como premissa uma curva entre as variáveis independentes e a variável dependente no formato de um S. Se a probabilidade prevista for maior que 0,50, a previsão para o evento acontecer é positiva, caso contrário, negativa. Conheça o conceito de regressão logística de forma mais aprofundada no texto disponível em: https://lume.ufrgs.br/bitstream/handle/10183/8192/000569815.pdf?sequence=1&isAllowed=y.

Os coeficientes da regressão logística permitem comparar a probabilidade de um evento ocorrer (P(x)) com a probabilidade de não ocorrer (1 − P(x)). Os coeficientes (b1, b2, ..., bn) seriam medidas da mudança na razão entre as probabilidades (*odds ratio*). A razão entre estas chances é expressa como:

Estratificação

A estratificação é inerente à delimitação da população e das subpopulações de acordo com os objetivos da pesquisa, mas também permite capturar variações nas decisões e características, permitindo a validação das conclusões estatísticas da pesquisa (MENTZER; FLINT, 1997). Esses aspectos são aderentes às duas condições necessárias a uma boa estratificação (COCHRAN, 1977): a população é composta por subpopulações que apresentam significativas diferenças em termos do setor de atuação; e as variáveis a serem mensuradas apresentam indícios de estarem fortemente relacionadas com o critério de estratificação.

Uma vez compreendidas as questões referentes à aproximação pela Distribuição Normal, à escolha do método estatístico (paramétrico ou não paramétrico) e à estratificação da amostra, devem ser observados os seguintes pontos acerca da definição do tamanho amostral das subpopulações:

Não existe um tamanho amostral mínimo necessário para confirmar a validade da aproximação pela Normal em cada subpopulação, por dois motivos básicos: além das subpopulações serem finitas e pequenas, a casuística indica o caráter assimétrico de variáveis setoriais, implicando na necessidade de se coletar de uma quantidade amostral tão grande quanto o tamanho da própria população.

Os testes não paramétricos não exigem que os tamanhos das amostras das seis subpopulações sejam iguais, a fim de assegurar o pleno poder estatístico que os testes podem oferecer. Entretanto, como a estimativa de parâmetros populacionais não é o objetivo principal da pesquisa, mas sim a identificação da correlação entre variáveis, as frações amostrais de cada estrato não precisam ser necessariamente iguais à fração de cada subpopulação (estratificação proporcional). Dessa forma, pode ser igual ao tamanho amostral dos seis estratos pesquisados para efeitos de simplificação e conveniência (estratificação desproporcional).

EXEMPLO 6

Observados esses pontos, optou-se por coletar inicialmente amostras de tamanho igual a 5 em cada um dos seis setores. As frações amostrais iniciais são indicadas na Tabela 4.3.

Tabela 4.3 Tamanhos e frações amostrais iniciais pretendidos pela pesquisa.

Subpopulações	Tamanhos	Tamanhos amostrais iniciais	Frações amostrais iniciais
Químico e petroquímico	46	5	10,9%
Alimentício	40	5	12,5%
Automotivo	31	5	16,1%
Eletroeletrônicos	26	5	19,2%
Tecnologia e computação	21	5	23,8%
Farmacêutico	17	5	29,4%
Total	**181**	**30**	**16,6%**

Entretanto, como algumas empresas selecionadas inicialmente recusaram-se a participar da pesquisa, o quadro final dos tamanhos amostrais e frações amostrais é apresentado na Tabela 4.4.

Tabela 4.4 Tamanhos e frações amostrais finais conseguidos pela pesquisa.

Subpopulações	Tamanhos	Tamanhos amostrais finais	Frações amostrais finais
Químico e petroquímico	46	5	10,9%
Alimentício	40	5	12,5%
Automotivo	31	3	9,7%
Eletroeletrônicos	26	4	15,4%
Tecnologia e computação	21	4	19,0%
Farmacêutico	17	5	29,4%
Total	**181**	**26**	**14,4%**

A fração amostral pesquisada da população foi de 14,4%, variando as frações amostrais entre 9,7% (automotivo) e 29,4% (farmacêutico). Para cada empresa foram obtidas informações sobre dois produtos ou SKUs (classes A e C em faturamento), não alterando as frações amostrais expressas na Tabela 4.3. O nível de significância adotado em todos os testes estatísticos foi de 0,10. Segundo Mentzer e Kahn (1995), esse nível de significância é geralmente aceito para a pesquisa em logística.

Natureza das escalas construídas para cada variável pesquisada

Uma vez estabelecidos os processos e os tamanhos amostrais, bem como delimitados os objetivos da pesquisa e a população a ser estudada, torna-se necessária uma análise mais aprofundada sobre as propriedades das escalas construídas e utilizadas para a mensuração das diferentes variáveis da pesquisa, ou seja, das características e das decisões relevantes ao entendimento da organização do fluxo de produtos sob o enfoque estático. Essa análise é fundamental não apenas para a validação da pesquisa, no que diz respeito à construção e validação de escalas, mas também para verificar se os métodos estatísticos são adequados às propriedades das escalas construídas.

O Quadro 4.2 apresenta as características do produto, da operação e da demanda que poderiam influenciar as decisões relativas à organização do fluxo de produtos, conforme apontado pelo referencial teórico. Também descreve para cada caso o conceito ou o significado inerente a cada uma destas características, apresenta a variável operacionalizada para mensurar esses conceitos, indica o tipo de escala que contém o domínio da variável operacionalizada e aponta os testes para validação de escalas que devem ser empregados.

Quadro 4.2 Descrição das escalas empregadas para a mensuração das características do produto, da operação e da demanda.

Conceito ou significado da característica relevante	Variável operacionalizada para mensurar o conceito e a respectiva unidade*	Tipo de escala que contém o domínio da variável operacionalizada	Testes a serem adotados para a validação das escalas
Custos adicionados do produto – custos incorporados ao produto até o momento de sua venda	CPV (R$) – Custo do Produto Vendido – Medida contábil-financeira legalmente definida para uniformização da apuração dos custos adicionados no processo produtivo de uma empresa	Escala de razão	Validação nomológica e de conteúdo
Prazo de validade do produto – vida útil do produto desde o momento de sua produção	Prazo de Validade (meses) – Informação estampada na embalagem de bens de consumo não duráveis, conforme regulamentação do Código Brasileiro de Defesa do Consumidor	Escala de razão	Validação nomológica e de conteúdo

(Continua)

Quadro 4.2 Descrição das escalas empregadas para a mensuração das características do produto, da operação e da demanda. *(Continuação)*

Conceito ou significado da característica relevante	Variável operacionalizada para mensurar o conceito e a respectiva unidade*	Tipo de escala que contém o domínio da variável operacionalizada	Testes a serem adotados para a validação das escalas
Obsolescência do produto – vida útil do projeto do produto até a incorporação de novas alterações	Duração do ciclo de vida (meses) – tempo médio decorrido entre duas alterações consecutivas no projeto do produto	Escala de razão	Validação nomológica e de conteúdo
Dimensões físicas do produto – peso e volume do produto	Peso (kg) e volume (m^3) – conforme exigência dos órgãos de metrologia	Escala de razão	Validação nomológica e de conteúdo
Volatilidade das vendas – nível esperado de flutuação das vendas ao longo do tempo	Venda mensal máxima (unidades) e venda mensal mínima (unidades), permitindo emular o coeficiente de variação das vendas	Escala de razão	Validação nomológica e de conteúdo
Giro – conceito clássico de giro dos estoques	Giro do produto (vezes/ano) – obtido pela razão entre as vendas anuais do produto (unidades) e o nível de estoque médio do produto (unidades)	Escala de razão	Validação nomológica e de conteúdo
Visibilidade da demanda – acesso à informação da demanda em tempo real	Visibilidade da demanda para um determinado produto – estado condicional: possui ou não possui, operacionalizado através de variável *dummy* ou binária (0 – 1)	Escala nominal ou categórica, operacionalizada em variável *dummy*	Validação nomológica e de conteúdo, pois, apesar de nominal, descreve um estado da operação bem definido entre o existir e não existir, e não uma percepção ou expectativa
Tempo de entrega do SKU para o principal cliente – Tempo de resposta envolvido desde a colocação do pedido pelo cliente para a empresa até seu recebimento	Tempo de entrega para principal cliente (dias) – média observada conforme definição da coluna anterior	Escala de razão	Validação nomológica e de conteúdo

(Continua)

Operacionalização da Pesquisa de Campo sobre a Organização do Fluxo de Produtos **91**

Conceito ou significado da característica relevante	Variável operacionalizada para mensurar o conceito e a respectiva unidade*	Tipo de escala que contém o domínio da variável operacionalizada	Testes a serem adotados para a validação das escalas
Tempo de entrega do insumo mais demorado para produção do SKU – Tempo de resposta envolvido desde a colocação do pedido pela empresa para o fornecedor até seu recebimento	Tempo de entrega do insumo mais demorado (dias) – média observada conforme definição da coluna anterior	Escala de razão	Validação nomológica e de conteúdo

Quadro 4.2 Descrição das escalas empregadas para a mensuração das características do produto, da operação e da demanda. *(Continuação)*

* Buscou-se garantir que a unidade de mensuração e o fenômeno em estudo possuíssem a mesma ordem de grandeza, de modo que a escala fosse capaz de capturar variações sutis no fenômeno estudado.

Conforme apontado anteriormente, a validação nomológica busca avaliar o grau de aderência das variáveis operacionalizadas para mensurar os conceitos com o arcabouço teórico. Não existe teste estatístico para comprovar, afirmar ou negar essa correspondência teórica, a qual, na prática, está sujeita a uma avaliação qualitativa da relação lógica entre a construção teórica das variáveis e dos conceitos. Além disso, o Quadro 4.3 apresenta a operacionalização de variáveis não apenas fortemente relacionadas com seus conceitos ou significados teóricos originais, mas também passíveis de mensuração direta por escalas de razão. A propriedade isomórfica das escalas garante a validade de conteúdo, definida como "uma medida de quão bem o significado de um conceito é mensurado" por uma escala. A escala que mede a variável visibilidade da demanda, apesar de não desfrutar da propriedade isomórfica das escalas de razão, tem a validade de conteúdo assegurada pela sua operacionalização como uma variável *dummy* relacionada a um fato e não a uma percepção (MOSER; KALTON, 1971).

O Quadro 4.3 apresenta também as principais decisões relativas à definição de uma política para organização do fluxo de produtos acabados. De modo análogo à discussão anterior, essas variáveis não são apenas fortemente relacionadas com seus conceitos e significados teóricos originais (validade nomológica), mas também são passíveis de mensuração direta por escalas nominais ou categóricas codificadas por variáveis *dummy*. A possibilidade de codificação de escalas nominais através de variáveis *dummy* garantiria a validade de conteúdo dessas escalas.

92 Estratégia Logística em Empresas Brasileiras

Quadro 4.3 Descrição das escalas empregadas para mensuração das decisões que caracterizam a organização do fluxo de produtos.

Conceito ou significado da decisão relevante	Variável operacionalizada para mensurar o conceito e a respectiva unidade	Tipo de escala que contém o domínio da variável operacionalizada	Testes a serem adotados para a validação de escalas
Base para acionamento da fabricação de produtos acabados – se a produção é contra-pedido ou é para estoque	Estado condicional: contrapedido ou para estoque, operacionalizado através de variável *dummy* ou binária (0 – 1)	Escala nominal ou categórica, operacionalizada em variável *dummy*	Validade nomológica e de conteúdo, pois, apesar de nominal, descreve um estado da operação bem definido entre o existir e não existir, e não uma percepção ou expectativa
Coordenação do fluxo de produtos – se a decisão que dispara o fluxo de produtos acabados é baseada na demanda real ou em previsões de vendas	Estado condicional: puxar ou empurrar, operacionalizado através de variável *dummy* ou binária (0 – 1)	Escala nominal ou categórica, operacionalizada em variável *dummy*	Validade nomológica e de conteúdo, pois, apesar de nominal, descreve um estado da operação bem definido entre o existir e não existir, e não uma percepção ou expectativa
Alocação dos estoques – se os estoques do produto acabado são centralizados	Estado condicional: centralizado ou descentralizado, operacionalizado através de variável *dummy* ou binária (0 – 1)	Escala nominal ou categórica, operacionalizada em variável *dummy*	Validade nomológica e de conteúdo, pois, apesar de nominal, descreve um estado da operação bem definido entre o existir e não existir, e não uma percepção ou expectativa

Questionário da pesquisa de campo

O questionário apresentado a seguir foi concebido para ser respondido no tempo máximo de uma hora e 30 minutos. É composto em sua totalidade por questões factuais e foi ministrado por dois pesquisadores do Centro de Estudos em Logística (Coppead/UFRJ), além do autor. Questões de caráter factual simplificam consideravelmente o projeto do questionário, pois são minimizados aspectos como a formulação de diferentes alternativas para uma mesma pergunta. Por outro lado, aspectos como a possibilidade de o entrevistador interagir com o entrevistado para assegurar o correto entendimento e resposta da questão apresentam menos condicionantes ou restrições do que em questões opinativas.

Cabe ressaltar que as questões factuais contidas no questionário apresentado a seguir reportam-se a eventos presentes e são familiares aos respondentes. Gerentes e supervisores responsáveis pela área de logística responderam por empresa. Em alguns casos, os entrevistados também controlavam as decisões relativas à compra de suprimentos, à programação de produção e à exportação/importação de insumos e/ou produtos acabados. Esses casos foram verificados nos setores Automobilístico, Farmacêutico e de Tecnologia e Computação. As questões cujas variáveis inquiridas os entrevistados desconheciam foram respondidas por outros funcionários com domínio específico sobre o tema.

EXEMPLO 7

Questionário aplicado na pesquisa de campo
Informações gerais da empresa
Data de preenchimento: Nome fantasia:
Razão social: Setor:
Nome do entrevistado: Cargo:
Telefone: Fax: Endereço: Cidade: UF:
E-mail:
Características gerais do negócio
Faturamento bruto (R$/ano):
Número de funcionários:
Número de clientes:
Número de fornecedores:
Número de itens de matéria-prima:
Número de itens de produto acabado (SKUs):
Características do produto ("SKU classe A" e "SKU classe C")
CPV (custo do produto vendido) (R$): Medida de peso/volume (Kg/m^3):
Número de peças/componentes (se processo discreto): Número de fornecedores:
Prazo de validade (a partir da data de fabricação): Duração média do ciclo de vida do produto:
Características da demanda/mercado ("SKU classe A" e "SKU classe C")
Dias de venda em estoque: Venda mensal média (unidades): Giro de estoque (vezes/ano):
Venda mensal máxima (unidades): Venda mensal mínima (unidades):
Número de empresas concorrentes diretas:
Tempo médio de entrega para o principal cliente (dias):
Características da operação ("SKU classe A" e "SKU classe C")
Acessa informação de vendas (do principal cliente) em tempo real (sim = 1/não = 0): Tempo médio de recebimento do insumo mais demorado (dias):
Organização do fluxo de produtos acabados ("SKU classe A" e "SKU classe C")
Sobre a base para acionamento da fabricação de produtos acabados: a produção é feita contrapedido a produção é feita para estoque.

94 Estratégia Logística em Empresas Brasileiras

Sobre a coordenação do fluxo de produtos acabados:

- o CD/cliente ou um estágio mais próximo do consumidor final controla o fluxo (reação à demanda — puxar)
- a própria empresa ou um estágio mais próximo do fornecedor inicial controla o fluxo (planejamento por previsão — empurrar)

Sobre a alocação dos estoques de produto acabado:

- o estoque fica centralizado em apenas uma instalação
- o estoque fica descentralizado por mais de uma instalação

A Quadro 4.4 apresenta as transformações de variáveis realizadas para tabulação e análise dos resultados.

Quadro 4.4 Descrição das variáveis coletadas na pesquisa de campo e das transformações de variáveis.

Características/ decisões	Variáveis coletadas inicialmente	Variáveis transformadas	Fórmula
Características do produto	Custo do Produto Vendido — CPV ($)	Densidade de Custos — DC	= CPV/(Peso ou Volume)
	Peso (kg) ou Volume do Produto (m³)		
	Duração do Ciclo de Vida (Meses)	Grau de Obsolescência — GO	= 1 /(Duração do Ciclo de Vida)
	Prazo de Validade (Meses)	Grau de Perecibilidade — GP	= 1 /(Prazo de Validade)
Características da demanda	Venda Mensal Máxima (unidades)	Coeficiente de variação das Vendas — CV	= (Desvio-Padrão das Vendas)/(Média das Vendas)
	Venda Mensal Mínima (unidades)		
	Giro (vezes/ano) — G		
	Tempo de Entrega para Principal Cliente a partir da Colocação do Pedido (Dias) — TE	Razão entre Prazos — RP	= Tempo de Entrega para Principal Cliente /Tempo de Entrega do Insumo Mais Demorado
Características da operação	Tempo de Entrega do Insumo Mais Demorado a partir da Colocação do Pedido (Dias)		
	Tecnologia de processo —TP Se Contínuo = 1 (Alimentício, Farmacêutico e Químico e Petroquímico) Se Discreto = 0 (Automotivo, Eletroeletrônico e Tecnologia e Computação)		

(Continua)

Quadro 4.4 Descrição das variáveis coletadas na pesquisa de campo e das transformações de variáveis. *(Continuação)*

Características/ decisões	Variáveis coletadas inicialmente	Variáveis transformadas	Fórmula
	Visibilidade da Demanda (1 = sim /0 = não) – VD		
Alocação dos Estoques	Se Descentralizar = 1 (antecipação no espaço) Se Centralizar = 0 (postergação no espaço)		
Base para Acionamento da Fabricação de Produtos Acabados	Se Contrapedido = 0 (postergação no tempo) Se Para estoque = 1 (antecipação no tempo)		
Coordenação do Fluxo Produtos	Se Demanda = 1 (puxar) Se Previsão de Vendas = 0 (empurrar)		

Considerações gerais sobre a validação da pesquisa

Uma vez identificadas e controladas as principais ameaças à validação das conclusões estatísticas e das escalas construídas, devem ser avaliados os aspectos referentes à validação interna e externa da pesquisa. "Como seria possível a validação interna da pesquisa?" e "qual seria a validade externa da pesquisa?" são as duas questões abordadas nesta seção.

A validação interna da pesquisa depende do grau de aderência dos resultados encontrados à expectativa ou predição teórica de determinado fenômeno. Nesse sentido, dois caminhos distintos podem emergir com relação à validação interna:

- Os resultados da pesquisa apresentam forte aderência ao referencial teórico, sendo uma importante evidência acerca de sua validade interna. Nesse caso, os resultados obtidos podem ser utilizados para refinar e unificar diferentes aspectos do referencial teórico, além de fornecer evidências suficientes para o desenvolvimento de modelos quantitativos de apoio à tomada de decisão. No caso da pesquisa sobre o enfoque estático, espera-se o refinamento e a unificação teórica das relações de causa e efeito pesquisadas, além do desenvolvimento de modelos quantitativos de apoio à decisão.
- Os resultados da pesquisa apresentam fraca aderência ao referencial teórico, implicando na inadequação do referencial teórico para a formulação das hipóteses sobre o fenômeno em estudo. Nesse caso, uma nova série de experimentos deve ser conduzida para determinar sua adequação aos objetivos, instrumentos e metodologia de pesquisa.

96 Estratégia Logística em Empresas Brasileiras

Finalmente, a validação externa refere-se à possibilidade de estender as conclusões da pesquisa para toda a população. Mais especificamente, a validação externa engloba dois aspectos: a generalização estatística e a replicação conceitual. Se nenhum outro estudo for realizado, a generalização estatística das conclusões deve permanecer restrita às subpopulações coletadas. Por outro lado, a replicação conceitual deriva do compartilhamento do plano de análise com outros pesquisadores para futuras replicações, com o intuito de comparação dos resultados.

HIPÓTESES TESTADAS PELA PESQUISA DE CAMPO

Com base na revisão bibliográfica e nas questões da pesquisa de campo, a Tabela 4.5 indica a natureza das relações (positiva, negativa ou neutra) testadas entre as diferentes características do negócio, e as decisões que conformam a organização do fluxo de produtos (alocação dos estoques, base para acionamento da fabricação e coordenação do fluxo de produtos); políticas para a organização do fluxo de produtos articuladas com base nestas três decisões (Empurrar/Descentralizar/Para estoque, Puxar/Descentralizar/Para estoque, Empurrar/Centralizar/Para estoque, Puxar/Centralizar/Para estoque, Puxar/Descentralizar/Contrapedido e Puxar/Centralizar/Contrapedido).

Tabela 4.5 Resumo das hipóteses testadas pela pesquisa de campo.

	CPV	GO	GP	RP	CV	DC	G	VD	TE	TP
Alocação dos Estoques Descentralização = 1 Centralização = 0	(N)	(N)	(N)	(N)	(−)	(−)	(+)	(N)	(−)	(N)
Base para Acionamento da Fabricação Para estoque = 1 Contrapedido = 0	(−)	(−)	(−)	(−)	(−)	(N)	(N)	(N)	(−)	(+)
Coordenação do Fluxo de Produtos Puxar = 1 Empurrar = 0	(+)	(+)	(+)	(+)	(N)	(N)	(N)	(+)	(+)	(N)

(+) Indica relação positiva (−) Indica relação negativa

(N) Indica relação neutra ou não identificada na revisão bibliográfica

ESTATÍSTICAS DESCRITIVAS DA AMOSTRA COLETADA

Finalmente, a Tabela 4.6 apresenta as estatísticas descritivas das características do produto, da operação e da demanda. A análise dos quartis indica forte assimetria dos dados coletados, o que é corroborado pela distância entre as duas principais medidas de tendência central: média e mediana.

		CPV	DC	GO	GP	RP	CV	VD	G	TP	TE
N	Válidos	43	40	48	48	46	48	52	46	52	52
	Faltas	9	12	4	4	6	4	0	6	0	0
Média		$ 21.458,26	$ 1.889,89	0,030	0,139	0,16	0,449	0,23	29,00	0,57	5,35
Mediana		$ 15,30	$ 11,39	0,002	0,040	0,05	0,326	0	20,50	1	2,00
Desvio-padrão		$ 77.435,09	$ 11.055,20	0,051	0,295	0,33	0,419	0,43	33,16	0,49	11,26
Mínimo		$ 0,15	$ 0,15	0	0	0,01	0,01	0	2,70	0	0
Máximo		$ 440.000,00	$ 70.000,00	0,250	1,250	1,50	1,41	1,00	183,00	1	55,00
Percentis	25	$ 2,20	$ 1,50	0	0	0,02	0,15	0	8,95	0	1,00
	50	$ 15,30	$ 11,39	0,002	0,040	0,05	0,33	0	20,50	1	2,00
	75	$ 1.000,00	$ 65,50	0,042	0,080	0,13	0,61	0	35,25	1	3,00

Tabela 4.6 Estatísticas descritivas das características do produto, da operação e da demanda.

Com relação à organização do fluxo de produtos, a Tabela 4.7 indica que prevaleceu a produção para estoque (antecipação no tempo) nos casos pesquisados: 76,9% do total. Já a produção contrapedido (postergação no tempo) apresentou-se restrita a apenas 23,1% dos casos. Com relação à coordenação do fluxo de produtos, a Tabela 4.8 aponta que em 69,2% dos casos pesquisados foram verificados fluxos empurrados, tendo os fluxos puxados sido verificados nos outros 30,8%. Finalmente, a Tabela 4.9 indica a centralização dos estoques de produtos acabados em 38,5% dos casos pesquisados, sendo a descentralização verificada nos demais 61,5%.

Tabela 4.7 Distribuição de frequência da base para acionamento da fabricação de produtos acabados.

	Frequência	Percentual
Produção para estoque	40	76,9
Produção contrapedido	12	23,1
Total	52	100

Tabela 4.8 Distribuição de frequências da coordenação do fluxo de produtos acabados.

	Frequência	Percentual
Empurrar	36	69,2
Puxar	16	30,8
Total	52	100

Tabela 4.9 Distribuição de frequências da alocação dos estoques de produtos acabados.

	Frequência	Percentual
Centralização em apenas uma instalação	20	38,5
Descentralização em mais de uma instalação	32	61,5
Total	52	100

LEITURAS SUGERIDAS

CASTRO, C. M. *A prática da pesquisa*. 2ª. ed. São Paulo: Pearson Prentice Hall, 2006. 190 p.

COCHRAN, W. G. *Sampling techniques*. 3ª. ed. New Jersey: John Wiley & Sons, 1977. 428 p.

CONOVER, W. J. *Practical nonparametric statistics*. 3ª. ed. New Jersey: John Wiley & Sons, 1999. 584 p.

DUNN, S. C.; SEAKER, R. F.; WALLER, M. A. Latent variables in business logistics research: scale development and validation. *Journal of Business Logistics*, [s.l.], v. 15, n. 2, p. 145-172, 1994.

FOWLER JUNIOR, F. J. *Survey research methods*. 5ª. ed. Thousand Oaks: Sage, 2013. 184 p.

GARVER, M. S.; MENTZER, J. T. Logistics research methods: employing structural equation modeling to test for construct validity. *Journal of Business Logistics*, [s.l.], v. 20, n. 1, p. 33-57, 1999.

MENTZER, J. T.; FLINT, D. J. Validity in logistics research. *Journal of Business Logistics*, [s.l.], v. 18, n. 1, p. 199-216, 1997.

MENTZER, J. T.; KAHN, K. A framework of logistics research. *Journal of Business Logistics*, [s.l.], v. 16, n. 1, p. 231-250, 1995.

MOSER, C. A.; KALTON, G. *Survey methods in social investigation*. 2ª. ed. London: Dartmouth, 1971. 576 p.

PFAFFENBERGER, R. C.; PATTERSON, J. H. *Statistical methods for business and economics*. 2ª. ed. Homewood: Irwin, 1981. 828 p. (The Irwin series in quantitative analysis for business).

capítulo 5

Análise e Síntese da Organização do Fluxo de Produtos Acabados

OBJETIVO DO CAPÍTULO

- Apresentar as análises dos resultados para as decisões e para as políticas de organização do fluxo de produtos.
- Discutir as implicações dos resultados para as decisões e para as políticas de organização do fluxo de produtos.
- Resumir os principais resultados da pesquisa de campo.

ANÁLISE DOS RESULTADOS PARA AS DECISÕES SOBRE A ORGANIZAÇÃO DO FLUXO DE PRODUTOS

Alocação dos estoques

No caso da decisão de alocação dos estoques, quatro variáveis são consideradas a partir da revisão da literatura. Essas quatro variáveis estão descritas na Tabela 5.1. A análise de correlação indica que duas das variáveis, giro dos estoques e tempo de entrega, têm uma relação significativa com a alocação dos estoques. O giro dos estoques tem um sinal positivo. Isso significa que, quanto maior o giro, maior a propensão à descentralização dos estoques. Esses resultados corroboram, inversamente que o tempo de entrega tem sinal negativo. Dessa forma quanto maior for o tempo de entrega, maior será a propensão para a centralização dos estoques, de acordo com Jayaraman (1998).

Tabela 5.1 Resultados da correlação para a decisão de alocação dos estoques.

Alocação dos Estoques Centralizar (0) *vs.* Descentralizar (1)		
Variável	Correlação	N
Giro dos estoques	0,308*	46
Tempo de entrega	− 0,279*	46
Densidade de custos	− 0,206	40
Coeficiente de variação das vendas	− 0,171	48

*Correlação significativa a 0,05 (bicaudal).

A Tabela 5.2 apresenta os resultados da regressão logística. O sinal identificado na análise de correlação é confirmado para ambas as variáveis. Os resultados também indicam que o tempo de entrega é o mais importante previsor da decisão de alocação dos estoques. Nessa relação logística, a probabilidade de 0,50 é o ponto de corte para previsões sobre o giro dos estoques e o tempo de entrega com relação à decisão de alocação dos estoques.

Tabela 5.2 Resultados da regressão logística: alocação dos estoques.

Variável	B	Wald	Significância
Constante	0,064	0,020	0,887
Tempo de entrega	− 2,744	3,108	0,078
Giro dos estoques	1,734	5,749	0,016

Variável dependente: alocação dos estoques
Cox & Snell R Quadrado = 0,189
Nagelkerke R Quadrado = 0,257
Qui-Quadrado para o modelo = 9,652 (Sig. = 0,008)

A Tabela 5.3 apresenta os resultados da regressão logística quando se considera a interação entre o tempo de entrega e o giro dos estoques. O sinal identificado na análise de correlação continua sendo corroborado para as variáveis tempo de entrega e giro dos estoques. O sinal da interação entre estas duas variáveis indica que, quando o tempo de entrega é curto e o giro dos estoques é baixo, maior a propensão à centralização, ao passo que, quando o tempo de entrega é longo e o giro dos estoques é alto, maior a propensão à descentralização.

Tabela 5.3 Resultados da regressão logística: interação entre o giro dos estoques e o tempo de entrega.

Variável	B	Wald	Significância
Constante	− 1,359	1,692	0,193
Tempo de entrega	− 6,464	4,352	0,037
Giro dos estoques	2,209	6,925	0,009
Tempo de Entrega*Giro dos Estoques	3,734	1,692	0,086

Variável dependente: alocação dos estoques
Cox & Snell R Quadrado = 0,283
Nagelkerke R Quadrado = 0,381
Qui-Quadrado para o modelo = 14,625 (Sig. = 0,002)

Base para acionamento da fabricação de produtos acabados

Com base na revisão da literatura, foram examinadas as correlações de seis características do negócio com a decisão de base para acionamento da fabricação. Os resultados são apresentados na Tabela 5.4. Notar que todas as variáveis foram padronizadas com o objetivo de reduzir o efeito de multicolinearidade na análise de regressão logística. A exceção é a variável tecnologia de processos, que é *dummy* ou categórica. Os resultados são significativos em diferentes níveis para cinco características do negócio. As quatro primeiras são significativas a 0,01, enquanto o grau de obsolescência é significativo a 0,05.

Tabela 5.4 Resultados da correlação para decisão de base para acionamento.

Base para acionamento da fabricação contrapedido (0) *vs.* para estoque (1)		
Variável	Correlação	N
Tempo de entrega	− 0,577*	46
Tecnologia de processos	0,455*	52
Razão entre prazos	− 0,384*	46
Coeficiente de variação das vendas	− 0,366*	48
Grau de obsolescência	− 0,302**	48
Grau de perecibilidade	0,253	48

*Correlação significativa a 0,01 (bicaudal)
**Correlação significativa a 0,05 (bicaudal)

O tempo de entrega possui sinal negativo com relação a essa decisão. Isso significa que, quanto maior o tempo de entrega, maior será a propensão de uma empresa produzir contrapedido. Isso confirma os resultados de Li (1992): a tecnologia de processos apresenta sinal positivo. Isso significa que empresas que utilizam processos contínuos de produção apresentam maior propensão a produzir para estoque. Esse resultado corrobora quantitativamente os resultados de Hayes e Wheelwright (1984) e Zipkin (2001) para esse efeito.

A razão entre prazos é o quociente entre o tempo de entrega do produto acabado e o tempo de entrega da matéria-prima mais crítica. O sinal negativo dessa correlação indica que empresas com maior razão entre prazos tendem a produzir contrapedido. Isso porque maior razão entre prazos indica maior tempo disponível para acomodar o processo de produção. Stalk Junior (1988), Romero (1991) e Inman (1999) obtiveram resultados equivalentes.

O coeficiente de variação das vendas também é significativo e negativo com relação a essa decisão. Isso sugere que, quanto mais estável o padrão de vendas, maior a propensão a produzir para estoque, conforme apontado anteriormente por Pagh e Cooper (1998). Finalmente, o sinal negativo demonstra que o grau de obsolescência é inversamente relacionado com a decisão de base para acionamento da fabricação.

DICA: As empresas tendem a produzir contrapedido quando os produtos acabados correm o risco de ficar obsoletos.

Na Tabela 5.5 são apresentados os resultados da regressão logística para a decisão de base para acionamento da fabricação. Apenas duas variáveis, tempo de entrega e coeficiente de variação das vendas, são significativas a 0,10. Em cada caso, o sinal da relação com a variável dependente corrobora os resultados da análise de correlação. O tempo de entrega é a característica mais importante, seguida do coeficiente de variação nas vendas.

Tabela 5.5 Resultados da regressão logística: base para acionamento da fabricação.

Variável	B	Wald	Significância
Constante	2,328	3,825	0,050
Tempo de entrega	– 5,370	6,444	0,011
Coeficiente de variação das vendas	– 1,601	2,533	0,098

Variável dependente: base para acionamento da fabricação
Cox & Snell R Quadrado = 0,446
Nagelkerke R Quadrado = 0,751
Qui-Quadrado para o modelo = 21,265 (Sig. = 0,000)

O sinal da relação para as três variáveis não incluídas no modelo de regressão logística é parcialmente corroborado como segue. A razão entre prazos e o tempo de entrega possui uma forte e positiva correlação (0,731; < 0,05), indicando que o sinal da razão entre prazos também é negativo. Isso também é parcialmente verdadeiro para o grau de obsolescência, que tem correlação de 0,302 ($p < 0,05$) com o tempo de entrega. Uma relação, ainda que fraca, existe entre o tempo de entrega e a tecnologia de processos (−0,252; < 0,10).

DICA — A regressão logística corrobora o sinal da relação de três características: tempo de entrega, coeficiente de variação das vendas e razão entre prazos. A regressão logística também sugere que as empresas devem focar no tempo de entrega e no coeficiente de variação como indicadores da decisão de base para acionamento.

Coordenação do fluxo de produtos

Na análise de correlação com a decisão de coordenação do fluxo de produtos, foram consideradas cinco variáveis:

1. Tempo de entrega;
2. Custo do produto vendido;
3. Grau de obsolescência;
4. Grau de perecibilidade;
5. Visibilidade da demanda.

Deve ser lembrado que esta decisão é uma variável *dummy* com valor zero para empurrar e um para puxar. Os resultados mostram que três variáveis são significativas: tempo de entrega e custo do produto vendido a 0,01 e grau de obsolescência a 0,05.

O tempo de entrega tem sinal positivo, significando que quanto maior o tempo de entrega, maior a propensão para puxar os estoques (reagir à demanda). Esse resultado confirma as observações de Inman (1999). O custo do produto vendido também apresenta sinal positivo. Produtos mais caros tendem a ser puxados. A empresa é mais propensa a retardar a movimentação dos produtos através do canal até que a informação esteja disponível, conforme indicado por Pires (1998). Finalmente, a propensão à obsolescência aumenta as chances de uma empresa puxar os estoques. O sinal da relação é, portanto, positivo, conforme corroborado por Dell e Fredman (2006). Esses resultados estão resumidos na Tabela 5.6.

A regressão logística com a coordenação do fluxo de produtos como a variável independente indica que duas variáveis afetam significativamente esta decisão: o tempo de entrega e a visibilidade da demanda. A primeira é significativa a 0,01 e a última a 0,10. Esse resultado corrobora o sinal positivo da relação entre o tempo de entrega e a decisão de puxar ou empurrar. Como o grau de obsolescência está correlacionado com o tempo de entrega (0,302; < 0,05), o sinal desta característica também é confirmado, ainda que fracamente.

Tabela 5.6 Resultados da correlação para a coordenação do fluxo de produtos.

Coordenação do Fluxo de Produtos Empurrar (0) vs. Puxar (1)

Variável	Correlação	N
Tempo de entrega	0,495*	46
Custo do produto vendido	0,423*	43
Grau de obsolescência	0,346**	48
Grau de perecibilidade	– 0,238	48
Visibilidade da demanda	0,229	52

*Correlação significativa a 0,01 (bicaudal)
**Correlação significativa a 0,05 (bicaudal)

Finalmente, o resultado para a visibilidade da demanda merece comentários adicionais. Essa variável não apresentou correlação significativa com a coordenação do fluxo de produtos, mas aparece como significativa nos resultados da regressão logística. Isso acontece porque a visibilidade da demanda é uma variável *dummy* que é melhor interpretada pela regressão logística do que pela análise de correlação (KLEINEMBAUM *et al.*, 2013).

DICA — Esta análise apresenta evidências de que as empresas deveriam focar primeiramente no tempo de resposta, e em seguida na visibilidade da demanda, quando decidindo entre puxar ou empurrar.

Os resultados da regressão logística são apresentados na Tabela 5.7.

Tabela 5.7 Resultados da regressão logística: coordenação do fluxo de produtos.

Variável	B	Wald	Significância
Constante	0,123	0,024	0,876
Tempo de entrega	6,905	6,771	0,009
Visibilidade da demanda	1,666	3,488	0,062

Variável dependente: coordenação do fluxo de produtos
Cox & Snell R Quadrado = 0,385
Nagelkerke R Quadrado = 0,543
Qui-Quadrado para o modelo = 25,266 (Sig. = 0,000)

ANÁLISE DOS RESULTADOS PARA AS POLÍTICAS DE ORGANIZAÇÃO DO FLUXO DE PRODUTOS

Os modelos logísticos desenvolvidos para as decisões de alocação dos estoques, base para acionamento e coordenação do fluxo de produtos, sugerem que o tempo de entrega é a principal variável para a determinação da política para a organização do fluxo de produtos. Isso porque o tempo de entrega é a única característica comum aos três modelos apresentados.

Análises de regressão logística multinomial foram desenvolvidas para as quatro decisões da matriz de Pagh e Cooper (1998) sobre a antecipação/postergação no tempo/espaço e para as seis políticas para a organização do fluxo de produtos que compõem o eixo de referência deste trabalho. Em ambos os casos, os resultados apontam que o tempo de entrega é a única característica do negócio que explica simultaneamente (significativamente do ponto de vista estatístico) a adoção de cada uma das políticas consideradas quando Descentralizar/Para estoque é a categoria de referência. Os resultados também apontam que Descentralizar/Para estoque, Empurrar/Centralizar/Para estoque, Puxar/Descentralizar/Contrapedido e Puxar/Centralizar/Contrapedido é a sequência de adoção de políticas quando o tempo de entrega aumenta a partir de um patamar bastante curto.

EXEMPLO 1

Duas estratégias de análise foram empregadas para se quantificar o impacto simultâneo de outras variáveis além do tempo de entrega na escolha das políticas para a organização do fluxo de produtos. Em primeiro lugar, a quantidade de políticas foi consolidada, operacionalizando-se o confronto da política Descentralizar/Para estoque e da política Puxar/Centralizar/Contrapedido (ou seja, antecipação total vs. postergação total) com base numa categoria de referência que reúne as políticas restantes. Em segundo lugar, foi adotado o controle da variável explicativa estatisticamente significativa por outras variáveis independentes. Especificamente com relação à política Puxar/Centralizar/Contrapedido, o grau de obsolescência foi controlado pelo tempo de entrega e pelo coeficiente de variação das vendas. Análises de regressão logística multinomial foram conduzidas observando-se essas duas estratégias. Finalmente, regressões logísticas adicionais foram conduzidas para determinar as características do negócio significativamente relacionadas com a escolha de determinada política quando as demais são consideradas em conjunto.

Seu objetivo é enriquecer o processo analítico a partir da consideração de outra perspectiva para tomada de decisão: a escolha (sim/não) de determinada política em particular quando as outras são consideradas em conjunto *vs.* a escolha de uma política em particular quando existem várias opções disponíveis (quadro proporcionado pela análise de regressão logística multinomial).

Proposta de Pagh e Cooper

Foram conduzidas análises de correlação entre as quatro políticas propostas por Pagh e Cooper (1998) e as características do negócio. A política Descentralizar/Para estoque é estatisticamente correlacionada com o coeficiente de variação das vendas (− 0,395*; 48), o tempo de entrega (− 0,337**; 52), a razão entre prazos (− 0,302**; 46) e o custo do produto vendido (− 0,256; 43). O sinal dessas correlações indica que a adoção da política Descentralizar/Para estoque está relacionada a produtos com baixo coeficiente de variação, curto tempo de entrega, pequena razão entre prazos e baixo custo do produto vendido.

SAIBA MAIS *significa correlação significativa a 0,01 (bicaudal); **significa correlação significativa a 0,05 (bicaudal). Para correlação significativa a 0,10 (bicaudal), não há marcação especial.

A política Centralizar/Para estoque é estatisticamente correlacionada com o giro (− 0,268; 46) e a tecnologia de processos (− 0,234; 52). O sinal dessas correlações indica que a adoção da política Centralizar/Para estoque está relacionada a produtos de baixo giro, fabricados por processos contínuos.

A política Descentralizar/Contrapedido é estatisticamente correlacionada com o tempo de entrega (0,441*; 52), o coeficiente de variação das vendas (0,341**; 48), a tecnologia de processos (− 0,282**; 52) e o giro (0,263; 46). O sinal dessas correlações indica que a adoção da política Descentralizar/Contrapedido está relacionada a produtos com longo tempo de entrega, alto coeficiente de variação das vendas, fabricados por processos discretos e com elevado giro dos estoques.

Finalmente, a política Centralizar/Contrapedido é estatisticamente correlacionada com o grau de obsolescência (0,383*; 48), a tecnologia de processos (− 0,337**; 52), a razão entre prazos (0,343**; 46) e o tempo de entrega (0,315**; 52). O sinal dessas correlações indica que a adoção da política Centralizar/Contrapedido está relacionada a produtos com alto grau de obsolescência, fabricados por processos discretos, com elevada razão entre prazos e longo tempo de entrega.

As análises de correlação sugerem que diferentes combinações de características do negócio levariam à adoção de determinada política para a organização do fluxo de produtos. Em outras palavras, parece que a adoção dessas políticas não está associada a um conjunto homogêneo de características.

De acordo com os resultados da Tabela 5.8, todas as políticas para a organização do fluxo de produtos são estatisticamente correlacionadas com o tempo de entrega ($p < 0,05$), quando se considera a política Descentralizar/Para estoque (antecipação total) como a categoria de referência (PAGH et al., 1998). O tempo de entrega é a única característica do negócio que explica simultaneamente todas as políticas para a organização do fluxo de produtos (cf. significâncias). Esse resultado reflete, de certo modo, a natureza heterogênea dos conjuntos de características do negócio estatisticamente correlacionadas com cada política, conforme apontado pelas análises de correlação.

EXEMPLO 2

Uma regressão logística multinomial com a política Descentralizar/Para estoque como a categoria de referência foi conduzida para determinar as características do produto, da operação e da demanda significativamente relacionadas com a adoção de dada política para a organização do fluxo de produtos. Os resultados são apresentados na Tabela 5.8.

Tabela 5.8 Resultados da regressão logística multinomial: políticas para a organização do fluxo de produtos.

Política	Variável	B	Wald	Significância
Centralizar/Contrapedido	Constante	1,185	0,720	0,396
	Tempo de entrega	12,420	9,612	0,002
Centralizar/Para estoque	Constante	2,490	3,817	0,051
	Tempo de entrega	9,042	5,849	0,016
Descentralizar/Contrapedido	Constante	1,900	2,038	0,153
	Tempo de entrega	12,400	9,609	0,002

Categoria de referência: Descentralizar/Para estoque
Cox & Snell R Quadrado = 0,452
Nagelkerke R Quadrado = 0,496
Qui-Quadrado para o modelo = 31,245 (Sig. = 0,000)
Graus de liberdade = 3
Fonte: Modelo de Pagh e Cooper (1998).

Como os coeficientes do tempo de entrega para as três políticas são positivos, maior tempo de entrega parece favorecer sua adoção relativamente à política Descentralizar/Para estoque. Em outras palavras, a política Descentralizar/Para estoque está posicionada no início da escala do tempo de entrega, conforme proposição de Pagh e Cooper (1998) e Bowersox *et al.* (2015).

Por outro lado, a política Centralizar/Contrapedido apresenta o maior coeficiente de tempo de entrega. Isso indica, de acordo com estes autores, que esta política está posicionada no final da escala do tempo de entrega. As políticas Centralizar/Para estoque e Descentralizar/Contrapedido estão posicionadas entre os extremos desta escala, sendo a primeira associada a tempos de entrega mais curtos e a segunda a tempos de entrega mais longos.

Ainda considerando a política Descentralizar/Para estoque como a categoria de referência, o coeficiente de variação nas vendas é a segunda variável independente com maior poder de explicação simultânea. Conforme apresentado na Tabela 5.9, o coeficiente de variação é estatisticamente significativo para a escolha da política Descentralizar/Contrapedido.

Tabela 5.9 Resultados da regressão logística multinomial: políticas para a organização do fluxo de produtos.

Política	Variável	B	Wald	Significância
Centralizar/Contrapedido	Constante	2,165	1,503	0,220
	Coeficiente de variação das vendas	0,412	0,220	0,639
	Tempo de entrega	15,063	9,072	0,003
Centralizar/Para estoque	Constante	3,500	4,433	0,035
	Coeficiente de variação das vendas	0,646	1,949	0,163
	Tempo de entrega	11,224	5,572	0,018
Descentralizar/Contrapedido	Constante	2,556	2,161	0,142
	Coeficiente de variação das vendas	1,327	4,434	0,035
	Tempo de entrega	14,204	8,119	0,004

Categoria de referência: Descentralizar/Para estoque
Cox & Snell R Quadrado = 0,510
Nagelkerke R Quadrado = 0,562
Qui-Quadrado para o modelo = 34,271 (Sig. = 0,000)
Graus de liberdade = 6
Fonte: Modelo de Pagh e Cooper (1998).

O resultado indica que esta política é escolhida quando simultaneamente o coeficiente de variação das vendas é alto e o tempo de entrega é longo. Apesar de seu poder explicativo com relação à política Centralizar/Para estoque ser fraco ($p = 0,163$) e virtualmente inexistente para a política Centralizar/Contrapedido ($p = 0,639$), o controle do tempo de entrega pelo coeficiente de variação das vendas para estas duas políticas revela que seu ponto de corte ($p = 0,50$) é menor que o indicado pela tabela anterior (cf. constantes e coeficientes do tempo de entrega).

DICA

O efeito de controlar o tempo de entrega pelo coeficiente de variação das vendas implica na compressão da escala do tempo de entrega para a adoção dessas políticas.

A relação entre estas políticas também é analisada considerando-se a política Centralizar/Contrapedido como a categoria de referência. Nesse caso, além do tempo de entrega, o grau de obsolescência é a característica do negócio com maior poder para explicar simultaneamente a escolha de determinada política. Conforme indica a Tabela 5.10, considerando-se a política Centralizar/Contrapedido como a categoria de referência, o grau de obsolescência tem poder de explicação estatisticamente significativo para as políticas Centralizar/Para estoque ($p = 0,064$) e Descentralizar/Contrapedido ($p = 0,104$). Seu poder de explicação, no entanto, é fraco para a escolha da política Descentralizar/Para estoque ($p = 0,240$).

Tabela 5.10 Resultados da regressão logística multinomial: políticas para a organização do fluxo de produtos.

Política	Variável	B	Wald	Significância
Centralizar/Para estoque	Constante	1,756	3,996	0,046
	Tempo de entrega	− 3,265	2,786	0,095
	Grau de obsolescência	− 1,360	3,427	0,064
Descentralizar/ Contrapedido	Constante	0,933	1,093	0,296
	Tempo de entrega	0,347	0,455	0,500
	Grau de obsolescência	− 1,244	2,647	0,104
Descentralizar/Para estoque	Constante	− 0,705	0,244	0,621
	Tempo de entrega	− 12,565	9,759	0,002
	Grau de obsolescência	− 0,642	1,383	0,240

Categoria de referência: Centralizar/Contrapedido

Cox & Snell R Quadrado = 0,538

Nagelkerke R Quadrado = 0,590

Qui-Quadrado para o modelo = 37,081 (Sig. = 0,000)

Graus de liberdade = 6

Fonte: Modelo de Pagh e Cooper (1998).

Os resultados nas duas últimas tabelas indicam que, para se entender a escolha de determinada política com base em outras variáveis além do tempo de entrega, tanto a política Descentralizar/Para estoque quanto a política Centralizar/Contrapedido não constituem a categoria de referência mais apropriada, pois levam a resultados não confrontáveis diretamente. Os resultados também indicam que um número excessivo de categorias pode estar diluindo o poder de explicação de outras variáveis que não o tempo de entrega.

EXEMPLO 3

Uma regressão logística multinomial foi conduzida considerando-se juntas as políticas Centralizar/Para estoque e Descentralizar/Contrapedido na categoria de referência. Seu objetivo é identificar o papel simultâneo do tempo de entrega, do coeficiente de variação das vendas e do grau de obsolescência na escolha das políticas Descentralizar/Para estoque e Centralizar/Contrapedido, ou seja, antecipação total e postergação total. Os resultados são apresentados na Tabela 5.11.

Tabela 5.11 Resultados da regressão logística multinomial: políticas para a organização do fluxo de produtos.

Política	Variável	B	Wald	Significância
Descentralizar/ Para estoque	Constante	−3,345	5,356	0,021
	Tempo de entrega	−11,002	6,394	0,011
	Grau de obsolescência	1,307	3,174	0,075
	Coeficiente de variação das vendas	−0,947	2,621	0,100
Centralizar/ Contrapedido	Constante	−2,315	7,036	0,008
	Tempo de entrega	0,549	0,391	0,532
	Grau de obsolescência	1,632	3,775	0,052
	Coeficiente de variação das vendas	−1,039	0,933	0,334

Categoria de referência: Políticas sem ênfase definida na postergação e na antecipação
Cox & Snell R Quadrado = 0,497
Nagelkerke R Quadrado = 0,588
Qui-Quadrado para o modelo = 30,223 (Sig. = 0,000)
Graus de liberdade = 6
Fonte: Modelo de Pagh e Cooper (1998).

Os resultados da Tabela 5.11 indicam que o grau de obsolescência é a única característica do negócio que explica simultaneamente a escolha das políticas Descentralizar/Para estoque e Centralizar/Contrapedido. Maior grau de obsolescência parece estar associado à política Centralizar/Contrapedido, observando seu controle pelo tempo de entrega e pelo coeficiente de variação das vendas. O tempo de entrega e o coeficiente de variação das vendas são estatisticamente significativos para a escolha da política Descentralizar/Para estoque. Produtos com curto tempo de entrega, pequeno coeficiente de variação das vendas e menor grau de obsolescência parecem estar associados à política de antecipação total.

Análise e Síntese da Organização do Fluxo de Produtos Acabados **113**

Finalmente, regressões logísticas foram conduzidas para determinar as características do negócio significativamente relacionadas com a escolha de determinada política quando as demais são consideradas em conjunto. Essas análises permitem identificar se determinada política deve ser escolhida (1 = sim / 0 = não) quando as demais são consideradas em conjunto, sendo complementares às análises de correlação.

Descentralizar/Para estoque

De acordo com os resultados da Tabela 5.12, a política Descentralizar/Para estoque é significativamente correlacionada ($p < 0,10$) com o tempo de entrega e o coeficiente de variação das vendas quando as outras três políticas são consideradas em conjunto. Os sinais negativos do tempo de entrega e do coeficiente de variação das vendas indicam que a política Descentralizar/Para estoque se destaca quando o tempo de entrega é curto e o coeficiente de variação das vendas é pequeno. Nesse caso, estas variáveis apontam simultaneamente para a antecipação no espaço e no tempo.

Tabela 5.12 Resultados da regressão logística: política Descentralizar/Para estoque.

Decisão	Variável	B	Wald	Significância
1 = sim 0 = não	Constante	− 3,935	5,761	0,016
	Tempo de entrega	− 11,853	6,333	0,012
	Coeficiente de variação das vendas	− 0,734	2,707	0,098

Variável dependente: Descentralizar/Para estoque
Cox & Snell R Quadrado = 0,378
Nagelkerke R Quadrado = 0,506
Qui-Quadrado para o modelo = 22,814 (Sig. = 0,000)
Fonte: Modelo de Pagh e Cooper (1998).

O fato de a razão entre prazos e o custo do produto vendido não apresentarem coeficientes significativos indica que estas variáveis não possuem um efeito independente nesta decisão que não seja computado pelo tempo de entrega e pelo coeficiente de variação das vendas, que, de acordo com o R Quadrado de Nagelkerke, explicam 50,6% do fenômeno.

Centralizar/Para estoque

De acordo com os resultados da Tabela 5.13, a política Centralizar/Para estoque é significativamente correlacionada com a tecnologia de processos e o giro dos estoques ($p < 0,10$) quando as outras três políticas são consideradas em conjunto. O sinal negativo do giro dos estoques e o sinal positivo da tecnologia de processos indicam que essa política se destaca das demais quando o processo de produção é contínuo e o giro dos estoques de produto acabado é pequeno.

Nesse caso, essas variáveis apontam simultaneamente para a antecipação no tempo e a postergação no espaço e, de acordo com o R Quadrado de Nagelkerke, explicam 21,6% do fenômeno.

Tabela 5.13 Resultados da regressão logística: política Centralizar/Para estoque.				
Decisão	**Variável**	**B**	**Wald**	**Significância**
1 = sim 0 = não	Constante	– 1,667	6,129	0,013
	Giro dos estoques	– 1,301	3,212	0,073
	Tecnologia de processos	1,248	2,865	0,091

Variável dependente: Centralizar/Para estoque
Cox & Snell R Quadrado = 0,157
Nagelkerke R Quadrado = 0,216
Qui-Quadrado para o modelo = 7,845 (Sig. = 0,020)
Fonte: Modelo de Pagh e Cooper (1998).

Descentralizar/Contrapedido

De acordo com os resultados da Tabela 5.14, a política Descentralizar/Contrapedido é significativamente correlacionada com o tempo de entrega, o coeficiente de variação das vendas e a interação de primeira ordem entre estas duas variáveis. O sinal positivo do tempo de entrega e do coeficiente de variação das vendas indica que um longo tempo de entrega e um alto coeficiente de variação das vendas diferenciam essa política das demais. Entretanto, a interação aponta que, quanto maiores essas variáveis, menor a tendência para adoção dessa política. Isso indica que há um limite para a adoção desta política quando o tempo de entrega é extremamente longo e o coeficiente de variação das vendas é extremamente alto.

Tabela 5.14 Resultados da regressão logística: política Descentralizar/Contrapedido.				
Decisão	**Variável**	**B**	**Wald**	**Significância**
1 = sim 0 = não	Constante	– 1,867	18,510	0,000
	Tempo de entrega	3,705	5,879	0,015
	Coeficiente de variação das vendas	0,988	3,133	0,077
	Tempo de entrega*coeficiente de variação das vendas	– 1,870	6,111	0,013

Variável dependente: Descentralizar/Contrapedido
Cox & Snell R Quadrado = 0,249
Nagelkerke R Quadrado = 0,470
Qui-Quadrado para o modelo = 13,729 (Sig. = 0,003)
Fonte: Modelo de Pagh e Cooper (1998).

O fato de o giro e tecnologia de processos não apresentarem coeficientes significativos indica que essas variáveis não possuem um efeito independente nesta decisão que não seja computado pelo tempo de entrega, pelo coeficiente de variação das vendas e pela interação de primeira ordem entre estes dois termos, os quais, de acordo com o R Quadrado de Nagelkerke, explicam 47,0% do fenômeno.

Centralizar/Contrapedido

De acordo com os resultados da Tabela 5.15, a política Centralizar/Contrapedido é significativamente correlacionada com o grau de obsolescência ($p < 0,05$) quando as outras três políticas são consideradas em conjunto. O sinal positivo da variável explicativa indica que um elevado grau de obsolescência (ciclo de vida de curta duração) é a única característica do negócio que diferencia significativamente esta política das demais e sinaliza simultaneamente para a postergação no espaço e no tempo. Ao controlar o grau de obsolescência pelo tempo de entrega, seu coeficiente e a constante praticamente permanecem inalterados ($0,737$ e $-2,851$). Ao se controlar o grau de obsolescência pelo tempo de entrega e pelo coeficiente de variação das vendas, seu coeficiente e a constante sofrem substancial alteração ($1,455$ e $-2,02$, respectivamente), indicando um ponto de corte ($p = 0,50$) para a duração do ciclo de vida maior que a esperada inicialmente.

Tabela 5.15 Resultados da regressão logística: política Centralizar/Contrapedido.

Decisão	Variável	B	Wald	Significância
1 = sim	Constante	$-2,730$	18,233	0,000
0 = não	Grau de obsolescência	0,847	4,268	0,039

Variável dependente: Centralizar/Contrapedido
Cox & Snell R Quadrado = 0,091
Nagelkerke R Quadrado = 0,209
Qui-Quadrado para o modelo = 4,593 (Sig. = 0,032)
Fonte: Modelo de Pagh e Cooper (1998).

O fato da razão entre prazos, do tempo de entrega, do coeficiente de variação das vendas e da tecnologia de processos não apresentarem coeficientes significativos indica que essas variáveis não possuem um efeito independente nesta decisão que não seja computado pelo grau de obsolescência, que, de acordo com o R Quadrado de Nagelkerke, explica 20,9% do fenômeno.

Proposta de framework

A política Empurrar/Descentralizar/Para estoque é estatisticamente correlacionada com o tempo de entrega ($-0,296\star\star$; 52), com o coeficiente de variação das vendas ($-0,306\star\star$; 48) e com a razão entre prazos ($-0,268$; 46). O sinal dessas correlações indica que a política Empurrar/Descentralizar/Para estoque está relacionada a produtos com tempo de entrega curto, baixo coeficiente de variação e pequena razão entre prazos.

A política Puxar/Descentralizar/Para estoque não apresenta correlação significativa com quaisquer das características do negócio no nível de 0,10. Essas duas últimas políticas são os desmembramentos da política Descentralizar/Para estoque (PAGH *et al.*, 1998) que apresenta correlação significativa com o custo do produto vendido, a razão entre prazos, o coeficiente de variação das vendas e o tempo de entrega.

A política Empurrar/Centralizar/Para estoque é estatisticamente correlacionada com o grau de obsolescência (− 0,305★★; 48), com a tecnologia de processos (0,287★★; 52) e com o giro dos estoques (− 0,242; 46). O sinal destas correlações indica que a política Empurrar/Centralizar/Para estoque está relacionada a produtos com longo ciclo de vida (baixo grau de obsolescência), produzidos por processos contínuos e com baixo giro dos estoques.

A política Puxar/Centralizar/Para estoque é estatisticamente correlacionada com o custo do produto vendido (0,844★; 43) e com o grau de obsolescência (0,276; 48). O sinal dessas correlações indica que a política Puxar/Centralizar/Para estoque está relacionada a produtos com alto custo do produto vendido e alto grau de obsolescência.

Estas duas últimas políticas são os desmembramentos da política Centralizar/Para estoque (PAGH et al., 1998) que apresenta correlação significativa com o giro e a tecnologia de processos. Já as políticas Puxar/Descentralizar/Contrapedido e Puxar/Centralizar/Contrapedido são equivalentes às políticas Descentralizar/Contrapedido e Centralizar/Contrapedido, respectivamente. Portanto, suas análises de correlação e regressão logística são as mesmas apresentadas na seção anterior.

EXEMPLO 4

Uma regressão logística multinomial com o tempo de entrega como a variável independente e a política Empurrar/Descentralizar/Para estoque como a categoria de referência foi conduzida para determinar a verossimilhança da escolha de outras políticas. Os resultados são apresentados na Tabela 5.16.

Tabela 5.16 Resultados da regressão logística multinomial: políticas para a organização do fluxo de produtos.

Política	Variável	B	Wald	Significância
Puxar/Centralizar/Contrapedido	Constante	1,723	1,246	0,264
	Tempo de entrega	14,682	9,047	0,003
Empurrar/Centralizar/Para estoque	Constante	2,190	2,678	0,102
	Tempo de entrega	7,711	3,875	0,049
Puxar/Descentralizar/Para estoque	Constante	− 4,271	1,265	0,261
	Tempo de entrega	− 6,192	0,410	0,522
Puxar/Centralizar/Para estoque	Constante	0,579	0,106	0,745
	Tempo de entrega	14,336	8,420	0,004
Puxar/Descentralizar/Contrapedido	Constante	2,438	2,702	0,100
	Tempo de entrega	14,661	9,040	0,003

Categoria de referência: Empurrar/Descentralizar/Para estoque
Cox & Snell R Quadrado = 0,504
Nagelkerke R Quadrado = 0,534
Qui-Quadrado para o modelo = 36,499 (Sig. = 0,000) Graus de liberdade = 5

De acordo com os resultados da Tabela 5.16, todas as políticas para a organização do fluxo de produtos, à exceção da política Puxar/Descentralizar/Para estoque, estão estatisticamente correlacionadas com o tempo de entrega, quando se considera a política Empurrar/Descentralizar/Para estoque como a categoria de referência. O coeficiente R Quadrado de Nagelkerke indica que o tempo de entrega explicaria 53,4% da variação total associada à escolha de uma determinada política.

Os coeficientes do tempo de entrega para todas as políticas, à exceção da política Puxar/Descentralizar/Para estoque, são positivos, indicando a política Empurrar/Descentralizar/Para estoque posicionada no início da escala.

SAIBA MAIS

A política Puxar/Centralizar/Contrapedido apresenta o maior coeficiente do tempo de entrega, resultado que sugere seu posicionamento no outro extremo da escala. Esses resultados são coerentes com o entendimento de Bowersox et al. (2015) e Pagh e Cooper (1998) sobre a organização do fluxo de produtos e replicam. A sequência de adoção de políticas é identificada a partir da análise de regressão logística multinomial para o modelo de Pagh e Cooper. Disponível em: https://doc.uments.com/g-supply-chain-postponement-and-speculation-strategies-how-to-choose.pdf.

Finalmente, regressões logísticas foram conduzidas para determinar as características do negócio significativamente relacionadas com a escolha de determinada política quando as demais são consideradas em conjunto. Essas análises permitem identificar se determinada política deve ser escolhida (1 = sim / 0 = não) quando as demais são consideradas em conjunto, sendo complementares às análises de correlação.

Empurrar/Descentralizar/Para estoque

De acordo com os resultados da Tabela 5.17, a política Empurrar/Descentralizar/Para estoque está significativamente correlacionada com o tempo de entrega quando as outras cinco políticas são consideradas em conjunto. O sinal negativo de seu coeficiente indica que esta política está relacionada a produtos com curto tempo de entrega.

Tabela 5.17 Resultados da regressão logística: política Empurrar/Descentralizar/Para estoque.

Decisão	Variável	B	Wald	Significância
1 = sim 0 = não	Constante	−2,587	4,966	0,026
	Tempo de entrega	−7,607	5,130	0,024

Variável dependente: Empurrar/Descentralizar/Para estoque
Cox & Snell R Quadrado = 0,241
Nagelkerke R Quadrado = 0,326
Qui-Quadrado para o modelo = 14,355 (Sig. = 0,000)

O fato da razão entre prazos e do coeficiente de variação das vendas não apresentarem coeficientes significativos indica que essas variáveis não possuem um efeito independente nesta decisão que não seja computado pelo tempo de entrega, que, de acordo com o R Quadrado de Nagelkerke, explicaria 32,6% do fenômeno.

Puxar/Descentralizar/Para estoque

A política Puxar/Descentralizar/Para estoque não apresentou coeficientes de regressão significativos com quaisquer características do negócio. Esse resultado sugere que o desmembramento da política Descentralizar/Para estoque em função da reação ou planejamento à demanda (puxar ou empurrar) não acrescenta informações significativas sobre o fenômeno em estudo. Corrobora essa afirmação o fato da política Empurrar/Descentralizar/Para estoque apresentar isoladamente um poder explicativo inferior ao da política Descentralizar/Para estoque (cf. R Quadrado de Nagelkerke e magnitude do Qui-Quadrado para o modelo) quando as políticas restantes são consideradas em conjunto. Em outras palavras, os resultados indicam que poder de explicação das partes (empurrar e puxar) é inferior a toda a política (Descentralizar/Para estoque).

Empurrar/Centralizar/Para estoque

De acordo com os resultados da Tabela 5.18, a política Empurrar/Centralizar/Para estoque está significativamente correlacionada com o giro dos estoques e com a tecnologia de processos quando as outras cinco políticas são consideradas em conjunto. O fato do grau de obsolescência não apresentar coeficiente significativo indica que esta variável não possui um efeito independente nesta decisão que não seja computado pela tecnologia de processos e pelo giro dos estoques que, de acordo com o R Quadrado de Nagelkerke, explicaria 23,7% do fenômeno. Essa política apresenta, isoladamente, poder explicativo superior ao da política Centralizar/Para estoque quando as demais políticas são consideradas em conjunto (cf. R Quadrado de Nagelkerke, magnitude e significância do Qui-Quadrado para o modelo).

Tabela 5.18 Resultados da regressão logística: política Empurrar/Centralizar/Para estoque.				
Decisão	**Variável**	**B**	**Wald**	**Significância**
1 = sim 0 = não	Constante	−2,001	7,580	0,006
	Giro dos estoques	−1,211	2,830	0,093
	Tecnologia de processos	1,600	4,138	0,042

Variável dependente: Empurrar/Centralizar/Para estoque

Cox & Snell R Quadrado = 0,170

Nagelkerke R Quadrado = 0,237

Qui-Quadrado para o modelo = 8,557 (Sig. = 0,014)

Puxar/Centralizar/Para estoque

Apesar desta política apresentar correlações significativas com o custo do produto vendido e o grau de obsolescência, a análise de regressão logística não revelou coeficientes significativos. Esse resultado indica que o custo do produto vendido e o grau de obsolescência não são capazes de, isoladamente, explicar a escolha desta política quando as outras cinco são consideradas em conjunto.

DICA: Quando as outras cinco políticas são consideradas individualmente e a política Empurrar/Descentralizar/Para estoque é a categoria de referência, o tempo de entrega explica significativamente sua adoção, conforme apontam os resultados da regressão logística multinomial. Além disso, a inclusão desta política no modelo multinomial aumenta seu poder de explicação comparativamente à proposta de Pagh e Cooper (1998).

Esses resultados sugerem que são cinco as políticas para organização do fluxo de produtos relevantes para o entendimento do fenômeno: Descentralizar/Para estoque, Empurrar/Centralizar/Para estoque, Puxar/Centralizar/Para estoque, Puxar/Descentralizar/Contrapedido e Puxar/Centralizar/Contrapedido. Dessa forma, uma nova regressão logística multinomial com a política Descentralizar/Para estoque como a categoria de referência foi conduzida para determinar a verossimilhança da escolha dessas outras quatro políticas. Os resultados são apresentados na Tabela 5.19.

Tabela 5.19 Resultados da regressão logística multinomial: políticas para a organização do fluxo de produtos.

Política	Variável	B	Wald	Significância
Puxar/Centralizar/Contrapedido	Constante	1,790	1,360	0,243
	Tempo de entrega	15,227	4,852	0,002
Empurrar/Centralizar/Para estoque	Constante	2,260	2,915	0,088
	Tempo de entrega	8,271	4,575	0,032
Puxar/Centralizar/Para estoque	Constante	0,646	0,133	0,715
	Tempo de entrega	14,882	9,179	0,002
Puxar/Descentralizar/Contrapedido	Constante	2,505	2,889	0,089
	Tempo de entrega	15,206	9,841	0,002

Categoria de referência: Descentralizar/Para estoque
Cox & Snell R Quadrado = 0,500
Nagelkerke R Quadrado = 0,542
Qui-Quadrado para o modelo = 36,023 (Sig. = 0,000) Graus de liberdade = 4

De acordo com os resultados da Tabela 5.19, todas as políticas para a organização do fluxo de produtos estão estatisticamente correlacionadas com o tempo de entrega, quando se considera a política Descentralizar/Para estoque como a categoria de referência. Comparativamente aos resultados apresentados nas Tabelas 5.8 e 5.16 (proposta inicial desta pesquisa), o modelo apresentado na Tabela 5.19 apresenta o melhor ajuste e o maior poder de explicação quando se considera o tempo de entrega como a variável independente. O sinal do tempo de entrega é positivo para as políticas analisadas, indicando que a política Descentralizar/Para estoque está posicionada no extremo inicial da escala do tempo de entrega.

IMPLICAÇÕES PARA AS DECISÕES SOBRE A ORGANIZAÇÃO DO FLUXO DE PRODUTOS

Alocação dos estoques

Os resultados da Figura 5.1 indicam que as empresas apresentam maior propensão à descentralização dos estoques se os tempos de entrega são mais curtos (longos) e o giro dos estoques mais altos (baixos). A Figura 5.1 mostra que um giro dos estoques mais baixo pode levar as empresas à centralização mesmo que o tempo de entrega seja consideravelmente curto. Quatro dias é o valor de corte do tempo de entrega ($p = 0,50$) para a centralização dos estoques se o giro for 34,6 vezes/ano, e 1 dia é o valor de corte se o giro for 20,7 vezes/ano. Baseado nestes pontos de corte, as empresas tendem a centralizar os estoques em função de um menor giro dos estoques mesmo que o tempo de entrega for 75% mais curto.

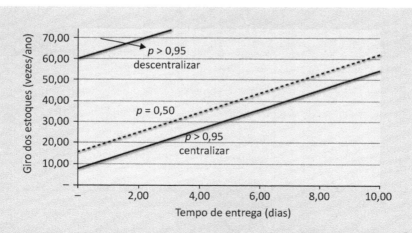

Figura 5.1 Linhas de indiferença ($p = 0,50$) e de probabilidade > 0,95 para a centralização e descentralização dos estoques.
Fonte: elaborada pelo autor.

Conforme ilustrado na Figura 5.1, o tempo de entrega domina a relação. As empresas tendem a centralizar os estoques se o giro for inferior a nove vezes por ano. À medida que o tempo de entrega aumenta, o giro de estoque mínimo necessário para recomendar a descentralização também aumenta. De fato, a maior parte das observações na pesquisa indica tempos de entrega inferiores a cinco dias e giro dos estoques inferiores a 40 vezes por ano. Dentro desse escopo, a descentralização é recomendável apenas para produtos com elevado giro.

EXEMPLO 5

O conceito de *Vendor Managed Inventory* (VMI), pode ser utilizado para ilustrar a escolha entre centralização e descentralização sob diferentes *trade-offs* entre giro e tempo de entrega. No VMI, o estoque do fornecedor é localizado nas instalações do cliente e a entrega para o cliente é praticamente instantânea. A questão-chave é como o fornecedor deve ressuprir o estoque no cliente. As escolhas são um estoque centralizado combinado com um tempo de entrega mais longo (e um menor giro) ou um estoque descentralizado, próximo ao cliente, com entregas mais rápidas (e um maior giro). Na Figura 5.2 ilustramos a linha de indiferença entre as duas escolhas.

A Figura 5.2 ilustra que a interação de primeira ordem entre o tempo de entrega e o giro dos estoques é particularmente útil para a análise da centralização *vs.* descentralização quando os tempos de entrega são menores que quatro dias e o giro dos estoques é menor

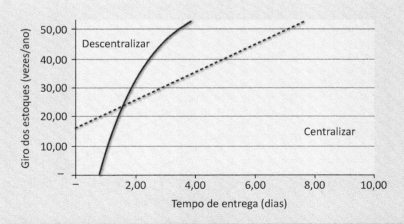

Figura 5.2 Linhas de indiferença ($p = 0,50$) para a alocação dos estoques quando se considera a interação entre o tempo de entrega e o giro dos estoques (linha contínua).
Fonte: elaborada pelo autor.

que 52 vezes por ano. Nessa região, a interação implica no aumento da proporção de casos de centralização comparativamente aos de descentralização. Especificamente, a interação indica a possibilidade de descentralizar quando o tempo de entrega for inferior a um dia e o giro dos estoques inferior a 20 vezes/ano e a possibilidade de centralizar quando o tempo de entrega for superior a dois dias e o giro dos estoques for alto.

Base para acionamento da fabricação de produtos acabados

Os resultados na Tabela 5.5 indicam que as empresas são mais propensas a produzir contrapedido (para estoque) quando ambos, o tempo de entrega e o coeficiente de variação nas vendas, são altos (baixos). Na Figura 5.3, mostramos que elevados coeficientes de variação das vendas podem levar as empresas a produzirem contrapedido mesmo que os tempos de entrega sejam consideravelmente curtos. 12,8 dias é o valor de corte do tempo de entrega ($p = 0,50$) para a decisão de produzir contrapedido se o coeficiente de variação das vendas for 0,24; e 4,8 dias é o valor de corte se o coeficiente de variação das vendas for 0,66. Considerando esses valores de corte, as empresas tendem a produzir contrapedido devido aos elevados coeficientes de variação das vendas mesmo que os tempos de entrega sejam 63% mais curtos.

Na Figura 5.3 também mostramos que quando o coeficiente de variação das vendas é extremamente alto (acima de 0,90), as empresas tendem a produzir contrapedido independentemente do valor do tempo de entrega. O mesmo vale para tempos de entrega superiores a 18 dias. As empresas tendem a produzir contrapedido independentemente do coeficiente de variação das vendas. Na prática, todavia, estes extremos são raros. O exame dos dados coletados indica que a maioria das empresas incluídas na pesquisa reportou

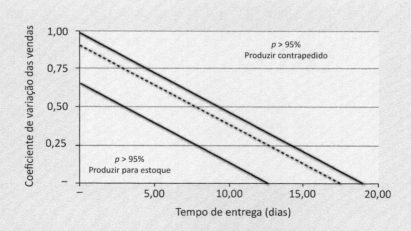

Figura 5.3 Linhas de indiferença ($p = 0,50$) e de probabilidade > 0,95 para a produção para estoque e contrapedido.
Fonte: elaborada pelo autor.

tempos de entrega inferiores a cinco dias, com coeficientes de variação das vendas que são razoavelmente uniformemente distribuídos. Isso explica porque a maior parte das empresas adota a produção para estoque.

Finalmente, a Figura 5.3 proporciona *insights* com relação ao ressuprimento enxuto entre empresas de manufatura e seus clientes. O ressuprimento enxuto exige tempos de entrega extremamente curtos por parte do fornecedor, frequentemente implicando que a empresa adote a produção para estoque para atender esse requisito. Esse resultado corrobora a percepção, bastante comum na indústria, que os sistemas de ressuprimento enxuto só produzem benefícios para os clientes (em termos de redução dos estoques de produto acabado) ou que o ressuprimento enxuto foi "operacionalizado às custas da concentração dos estoques no fornecedor".

SAIBA MAIS — Quando os tempos de entrega são curtos, vê-se a incapacidade de estender o ressuprimento enxuto no elo cliente-fornecedor ao regime de produção *Just in Time* nos fornecedores. Esses resultados remontam à discussão apresentada no Capítulo 2 sobre a possibilidade de estender os benefícios da redução de estoques à indústria no âmbito de programas de resposta rápida. Veja também o artigo *The benefits and costs of JIT sourcing: A study of scottish suppliers*, publicado no International Journal of Physical Distribution & Logistics Management, em 1996.

Parece existir um *trade-off* entre o ressuprimento enxuto para o cliente e a decisão do fornecedor de produzir para estoque ou contrapedido, esta última com implicações na possibilidade de organização de regimes de produção *Just in Time*. A produção contrapedido parece ser viabilizada quando o tempo de entrega é longo, o que, no entanto, descaracteriza o ressuprimento como "enxuto". Este não seria um *trade-off* intransponível, pois, de acordo com os dados analisados, existem casos de empresas capazes de produzir contrapedido quando o tempo de entrega é curto (< dois dias).

Coordenação do fluxo de produtos

As empresas deveriam observar o tempo de entrega e a visibilidade da demanda quando decidem a coordenação do fluxo de produtos. Os resultados na Tabela 5.7 indicam que as empresas são mais propensas a puxar (empurrar) os produtos se os tempos de entrega são longos (curtos) e se (não) há visibilidade da demanda. Todavia, as empresas reagem à demanda mesmo se os tempos de entrega são substancialmente curtos, em função da visibilidade da demanda. Por exemplo, os valores de corte do tempo de entrega ($p = 0,50$) para a decisão de puxar são de 3,8 dias se houver visibilidade da demanda e de 6,3 dias se as empresas não acessam a demanda. Considerando esses valores de corte, a visibilidade da demanda pode levar as empresas a puxar mesmo que os tempos de entrega sejam 43,4% mais curtos.

A relação entre essas duas variáveis independentes é apresentada na Figura 5.4, o qual contém duas linhas de probabilidade. Quando a probabilidade é superior a 0,50, a decisão

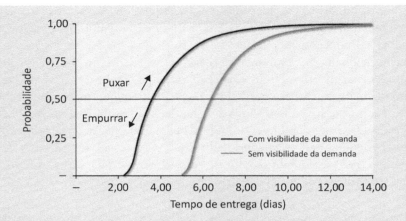

Figura 5.4 Linhas de probabilidade para a coordenação do fluxo de produtos com e sem visibilidade da demanda.
Fonte: elaborada pelo autor.

recomendada é puxar. A primeira linha (à esquerda) assume que o fornecedor tem acesso à demanda real de seu cliente. A decisão recomendada é empurrar se o tempo de entrega for inferior a 3,8 dias e puxar se acima desse nível. Na curva à direita, não há visibilidade da demanda. Nesse caso, o valor de indiferença é de 6,3 dias. Quando o tempo de entrega é inferior a dois dias, a decisão recomendada é empurrar independentemente do acesso à demanda real. Por outro lado, puxar é a decisão recomendada se o tempo de entrega for superior a 14 dias.

As tentativas para implementar a reposição contínua (através de iniciativas como o ECR no setor de alimentos) permitem ilustrar a relação entre o tempo de entrega, a informação da demanda e a coordenação do fluxo de produtos. Em geral, os fornecedores prometeram reduzir os tempos de entrega em troca de maior visibilidade da demanda.

SAIBA MAIS

A percepção comum na indústria, após vários anos e aplicações da reposição contínua em programas de resposta rápida, é que o acesso à demanda do cliente não necessariamente vai levá-la à reação à demanda (puxar) e ao abandono do planejamento por previsões de vendas (empurrar), especialmente quando os tempos de entrega são curtos. Esse fenômeno também poderia ser explicado por outros fatores além dos curtos tempos de entrega. Por exemplo, desconhecimento das técnicas, das iniciativas gerenciais, indicadores de mensuração de desempenho que não incentivem sua adoção, condições negociais etc. No entanto, os resultados da pesquisa de campo possibilitam apenas o entendimento deste fenômeno com base na visibilidade da demanda e do tempo de entrega. Leia mais a respeito em Mathews (1997).

Em outras palavras, a proposta era mover a curva de probabilidade para a esquerda. Isso moveu o nível de indiferença do tempo de entrega de 6,3 para 3,8 dias de acordo com o exemplo acima. Na prática, todavia, os varejistas demandaram tempos de entrega extremamente curtos, localizados na região onde recomenda-se a decisão de empurrar, falhando ao proporcionar o incentivo para os fornecedores mudarem para um sistema puxado.

Iniciativas gerenciais, adicionais à reposição contínua, como o *Collaborative Planning Forecasting and Replenishment* (CPFR), propõem empregar a visibilidade da demanda não como a mola mestra da reação enxuta na produção e na distribuição, mas como um mecanismo de correção e retroalimentação do processo de planejamento e previsão. Cabe ressaltar, no entanto, que a possibilidade de reação à demanda, dadas as condições de visibilidade da demanda e do tempo de entrega, não constitui um *trade-off* instransponível, visto que dentre os casos analisados há indicações de que é possível puxar quando o tempo de entrega é curto.

IMPLICAÇÕES PARA AS POLÍTICAS NA ORGANIZAÇÃO DO FLUXO DE PRODUTOS

Escolha de uma política — decisão entre alternativas

As curvas de probabilidade para escolha de uma determinada política para organização do fluxo de produtos em função do tempo de entrega, considerando a política Descentralizar/Para estoque como a categoria de referência, são apresentadas na Figura 5.5.

Os resultados apresentados na Tabela 5.19 indicam que a política Descentralizar/Para estoque é dominante quando o tempo de entrega é inferior a 2,39 dias, favorecendo a

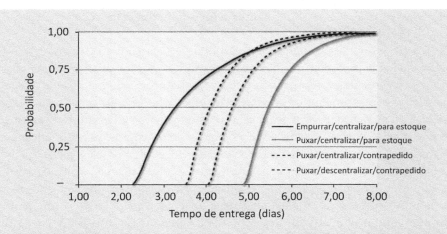

Figura 5.5 Curvas de probabilidade para adoção das políticas para a organização do fluxo de produtos em função do tempo de entrega.
Fonte: elaborada pelo autor.

adoção de estratégias baseadas em economias de escala. Na medida que o tempo de entrega aumenta, seus pontos de corte ($p = 0,50$) indicam a seguinte sequência de adoção das políticas:

- Empurrar/Centralizar/Para estoque;
- Puxar/Descentralizar/Contrapedido;
- Puxar/Centralizar/Contrapedido;
- Puxar/Centralizar/Para estoque.

Considere que o ponto de corte do tempo de entrega para a escolha da política Empurrar/Centralizar/Para estoque é de 3,29 dias, sendo que esta política apresenta probabilidades não nulas a partir de 2,39 dias. Isso indica que é a alocação dos estoques e não a base para acionamento da fabricação a primeira decisão a ser alterada na organização do fluxo de produtos quando o tempo de entrega aumenta a partir de um patamar bastante curto. Uma explicação possível para esse resultado poderia ser maior mobilidade associada à alocação dos estoques que à base para acionamento da fabricação quando os tempos de entrega são curtos.

Em seguida, 4,08 dias é o ponto de corte do tempo de entrega para a escolha da política Puxar/Descentralizar/Contrapedido, sendo que esta política apresenta probabilidades não nulas a partir de 3,60 dias. Esses resultados indicam que quando o tempo de entrega aumenta de 3,29 para 4,08 dias as empresas tendem a escolher a postergação no espaço (distribuição) e a postergação no tempo (produção) com igual probabilidade quando comparadas à política Descentralizar/Para estoque.

O ponto de corte para a escolha da política Puxar/Centralizar/Contrapedido é 4,64 dias, considerando a política Descentralizar/Para estoque como a categoria de referência, sendo que a partir de 4,08 dias a primeira apresenta probabilidades não nulas de escolha. Esses resultados sugerem que, sob o prisma estático da organização do fluxo de produtos, uma diferença de pelo menos 4,64 dias no tempo de entrega separa a postergação total (produção e distribuição) da antecipação total.

E 5,54 dias é o ponto de corte para a política Puxar/Centralizar/Para estoque, sendo que essa política apresenta probabilidades não nulas a partir de 4,87 dias de tempo de entrega. Esse resultado e as análises anteriores sugerem que a produção para estoque quando o tempo de entrega é longo seria o produto de circunstâncias específicas, pois ela situa após a política de postergação total no *continuum* antecipar-planejar/postergar-reagir. De fato, os casos associados a esta política são exclusivos do setor de Tecnologia e Computação e por isso refletem correlações significativas com o custo do produto vendido e o grau de obsolescência.

Por alguma razão não capturada pelas características do negócio coletadas, os longos tempos de entrega não impediram a produção para estoque. É possível que os longos tempos de importação, despacho alfandegário e liberação aduaneira de componentes expliquem este comportamento atípico. É possível, também, que nos EUA ou na Europa esta política (a) se situe entre os extremos teóricos da organização do fluxo de produtos: Descentralizar/Para estoque e Puxar/Centralizar/Contrapedido ou (b) simplesmente não exista ou não possua significado relevante para o entendimento da organização do fluxo de produtos.

A sequência Descentralizar/Para estoque → Empurrar/Centralizar/Para estoque → Puxar/Descentralizar/Contrapedido e Puxar/Centralizar/Contrapedido verificada com o aumento do tempo de entrega, parece ser um resultado bastante robusto, porque permanece inalterada quando é analisada à luz da proposta de Pagh e Cooper (1998). As curvas de probabilidade para escolha da organização do fluxo de produtos, de acordo com o modelo de Pagh e Cooper (1998), são apresentadas na Figura 5.6 (a política Descentralizar/Para estoque é a categoria de referência). O ponto de corte para a política Centralizar/Para estoque é de 3,18 dias; para Descentralizar/Contrapedido, 4,36 dias; e para Centralizar/Contrapedido, 4,98 dias. O efeito de não desmembrar a política Centralizar/Para estoque nas políticas Empurrar/Centralizar/Para estoque e Puxar/Centralizar/Para estoque é o aumento no intervalo do tempo de entrega que realmente separa os extremos do *continuum* antecipar-planejar/postergar-reagir.

A Figura 5.7 apresenta a adoção da política Descentralizar/Para estoque e Puxar/Centralizar/Contrapedido quando são considerados o tempo de entrega, o coeficiente de variação das vendas e o grau de obsolescência. As demais políticas sem ênfase definida na antecipação e na postergação constituem a categoria de referência (Tabela 5.11). Lembrar que a política Puxar/Centralizar/Contrapedido equivale à política Centralizar/Contrapedido. As linhas de indiferença ($p = 0,50$) ilustram o efeito simultâneo dessas três características do negócio na escolha da política Descentralizar/Para estoque e o controle do grau de obsolescência pelo tempo de entrega e pelo coeficiente de variação das vendas na escolha da política Puxar/Centralizar/Contrapedido quando as outras políticas são a referência. 8,16 meses é o ponto de corte na duração do ciclo de vida para a escolha da política Puxar/Centralizar/Contrapedido em detrimento de uma política combinada ou sem ênfase definida. Quando a duração do ciclo de vida do produto for de, por exem-

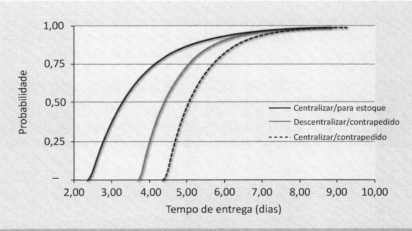

Figura 5.6 Curvas de probabilidade para adoção das políticas para a organização do fluxo de produtos em função do tempo de entrega para o modelo de Pagh e Cooper (1998).
Fonte: elaborada pelo autor.

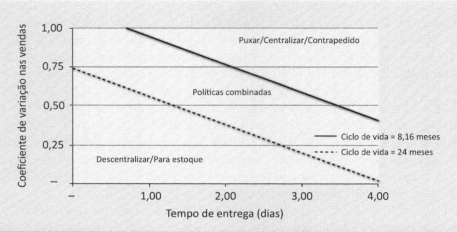

Figura 5.7 Linhas de indiferença para adoção das políticas para a organização do fluxo de produtos em função do tempo de entrega, do coeficiente de variação das vendas e do ciclo de vida.
Fonte: elaborada pelo autor.

plo, 24 meses, a linha tracejada indica diferentes combinações lineares do coeficiente de variação das vendas e do tempo de entrega para $p = 0,50$, ou seja, para o ponto de corte da escolha entre a política Descentralizar/Para estoque em detrimento de uma política combinada ou sem ênfase definida.

A síntese dessa discussão sobre a escolha de uma dentre várias políticas para a organização do fluxo de produtos, quando as características do negócio variam, aponta para a sua sustentabilidade. Dessa forma, os resultados anteriores permitem inferir a sustentabilidade de determinada política para a organização do fluxo de produtos para diferentes níveis do tempo de entrega, do coeficiente de variação das vendas e do grau de obsolescência. Em outras palavras, permitem responder, por exemplo, à seguinte questão: "se os tempos de entrega forem aumentados ou reduzidos substancialmente, a política em curso continua sendo viável?" A Tabela 5.20 apresenta as regiões de sustentabilidade para diferentes tempos de entrega.

Tabela 5.20 Sustentabilidade das políticas para organização do fluxo de produtos em função do tempo de entrega.

Política para a organização do fluxo de produto	Tempo de entrega (dias)
Descentralizar/Para estoque	< 3,29
Empurrar/Centralizar/Para estoque	> 3,29
Puxar/Descentralizar/Contrapedido	> 4,08
Puxar/Centralizar/Contrapedido	> 4,64
Puxar/Centralizar/Para estoque*	> 5,54

*Possível caso particular do setor de Tecnologia e Computação.

Finalmente, a avaliação da sustentabilidade também pode fornecer indícios do grau de mobilidade com relação a determinada política ou decisão.

EXEMPLO 6

Com relação às decisões que compõem a organização do fluxo de produtos, a alocação dos estoques parece ter maior mobilidade que a base para acionamento da fabricação e a coordenação do fluxo de produtos quando o critério de análise é o tempo de entrega. Isso porque ao se observar a sequência Descentralizar/Para estoque, Empurrar/Centralizar/Para estoque, Puxar/Descentralizar/Contrapedido e Puxar/Centralizar/Contrapedido, a decisão de alocação dos estoques é alterada duas vezes, enquanto que as decisões de coordenação e de base para acionamento, apenas uma vez.

Escolha de uma política específica — decisão sim/não

Nesta seção, são analisados os resultados obtidos para as políticas Descentralizar/Para estoque, Puxar/Centralizar/Contrapedido e Puxar/Descentralizar/ Contrapedido quando as demais políticas são consideradas em conjunto.

Descentralizar/Para estoque

A Figura 5.8 indica que as empresas evitam esta política quando o coeficiente de variação das vendas é alto (acima de 0,70), independentemente do tempo de entrega, e quando o tempo é superior a 2,75 dias, independentemente do coeficiente de variação das vendas. A região com maior probabilidade para adoção desta política ($p > 0,95$) é delimitada pela relação negativa do tempo de entrega com o coeficiente de variação das vendas, com um tempo de entrega máximo de 0,70 dias e um coeficiente de variação das vendas máximo de 0,18. Em outras palavras, a Figura 5.8 é esclarecedora com relação às janelas de oportunidade para se explorar economias de escala simultaneamente na produção e na distribuição (antecipação total): um ambiente com relativamente pouca oscilação nas vendas e com curto tempo de entrega.

EXEMPLO 7

Um exemplo paradigmático da política Descentralizar/Para estoque seria o sistema formado pela produção e distribuição de combustíveis.

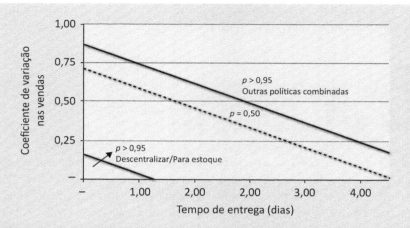

Figura 5.8 Linhas de indiferença ($p = 0,50$) e de probabilidade > 0,95 para Descentralizar/Para estoque ou não.
Fonte: elaborada pelo autor.

Puxar/Centralizar/Contrapedido

A Figura 5.9 indica que as empresas tendem a adotar esta política quando a duração do ciclo de vida do produto é inferior a 8,5 meses, quando se controla pelo tempo de entrega e pelo coeficiente de variação das vendas e 4,5 meses sem esse controle. Em outras palavras, as janelas de oportunidade para a adoção desta política estariam concentradas em situações em que o grau de obsolescência do produto é consideravelmente alto.

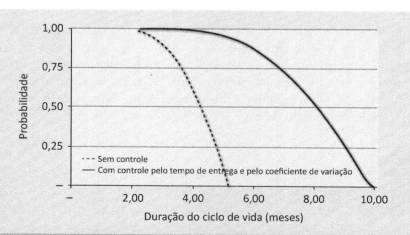

Figura 5.9 Curvas de probabilidade para adoção da política Puxar/Centralizar/Contrapedido.
Fonte: elaborada pelo autor.

SAIBA MAIS — O melhor exemplo da política Puxar/Centralizar/Contrapedido é o caso da Dell Computers, como você pode ver no livro *Direct from Dell: strategies that revolutionized an industry*, de Michael Dell, fundador da empresa, e Catherine Fredman, lançado em 1999 e republicado em 2006 com uma nova introdução.

Puxar/Descentralizar/Contrapedido

A Figura 5.10 indica que as empresas tendem a adotar esta política quando o coeficiente de variação das vendas é alto (> 1,25) e o tempo de entrega é inferior a dez dias (cf. efeitos da interação entre o coeficiente de variação das vendas e o tempo de entrega), indicando as janelas de oportunidade para descentralização dos estoques e de operações finais de produção pouco intensivas em capital: montagem, embalagem, mistura e pintura.

EXEMPLO 8

Os exemplos paradigmáticos desta política são os casos da HP (embalagem final dos manuais) e da mistura final dos pigmentos às bases na fabricação das tintas em varejistas de materiais de construção.

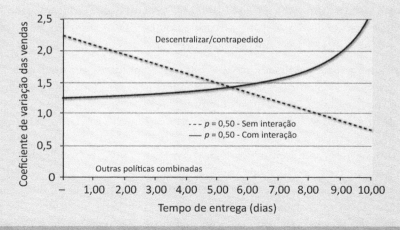

Figura 5.10 Curvas de probabilidade para adoção da política Puxar/Descentralizar/Contrapedido.
Fonte: elaborada pelo autor.

PRINCIPAIS RESULTADOS

A partir da pesquisa de campo, foi possível estabelecer diversos modelos de apoio para dois níveis de tomada de decisão em função das características do negócio. O primeiro nível diz respeito às três decisões individuais que compõem a organização do fluxo de produtos acabados: alocação dos estoques, base para acionamento da fabricação e coordenação do fluxo de produtos. Com base nos modelos logísticos simples (sim/não), desenvolvidos para cada uma destas decisões, foi possível:

- Determinar as linhas de indiferença e de probabilidade 0,95, quantificando as relações, as interações e o controle entre as variáveis explicativas. Especificamente, foram quantificadas as relações entre o tempo de entrega e o giro para a decisão de alocação dos estoques; o tempo de entrega e o coeficiente de variação das vendas para a decisão de base para acionamento; e o tempo de entrega e a visibilidade da demanda para a decisão de coordenação do fluxo de produtos. Essas relações são a base estática da organização do fluxo de produtos.
- Descrever e diagnosticar o estágio atual de iniciativas gerenciais como o VMI, o ressuprimento enxuto e a reposição contínua no contexto dos programas de resposta rápida. Cabe lembrar que o projeto dessas iniciativas está fortemente associado a uma decisão em particular: o VMI à alocação dos estoques, o ressuprimento enxuto à base para acionamento da fabricação e a reposição contínua à coordenação do fluxo de produtos.
- Corroborar os sinais identificados na análise de correlação simples e na revisão de literatura.

O segundo nível diz respeito à combinação destas decisões em políticas para a organização do fluxo de produtos: Descentralizar/Para estoque, Empurrar/Centralizar/Para estoque, Puxar/Centralizar/Para estoque, Puxar/Descentralizar/Contrapedido e Puxar/Centralizar/Contrapedido. Com base nos modelos logísticos multinomiais (escolha de uma política dentre várias), foi possível:

- Determinar a sustentabilidade desse conjunto de políticas em função de diferentes características do negócio. Nesse sentido, merece destaque o modelo multinomial para as cinco políticas e o tempo de entrega.
- Identificar a política Puxar/Centralizar/Para estoque como um caso particular associado ao setor de Tecnologia e Computação.
- Corroborar o entendimento de Pagh e Cooper (1998) e Bowersox *et al.* (2015) sobre a organização do fluxo de produtos.
- Inferir que a decisão de alocação dos estoques possui maior flexibilidade à mudança que as decisões de base para acionamento e coordenação do fluxo de produtos, quando se considera o tempo de entrega como a característica de referência.

Já com base nos modelos logísticos simples, foi possível:

- Determinar as linhas de indiferença e de probabilidade 0,95, quantificando as relações, as interações e o controle entre as variáveis explicativas. Especificamente, foram quantificadas as relações entre o tempo de entrega e o coeficiente de variação das vendas para as políticas Descentralizar/ Para estoque e Puxar/Descentralizar/ Contrapedido; o grau de obsolescência para a política Puxar/Centralizar/Para estoque; e o giro dos estoques e a tecnologia de processos para a política Empurrar/Centralizar/ Para estoque. Essas relações também são relevantes para a compreensão da base estática da organização do fluxo de produtos.

- Diagnosticar janelas de oportunidade para iniciativas gerenciais como aquelas verificadas, por exemplo, na Dell Computers e na HP, bem como para políticas "mais tradicionais" para a organização do fluxo de produtos (Descentralizar/Para estoque e Empurrar/Centralizar/Para estoque). Cabe lembrar que o projeto destas iniciativas não está associado a uma decisão em particular para organização do fluxo de produtos, mas sim às três decisões simultaneamente.

Em síntese, esses modelos de apoio à tomada de decisão revelam o papel dominante do tempo de entrega para o entendimento da questão estática (Figura 5.11). Os modelos também proporcionam a base para a interpretação de diferentes aspectos relacionados ao

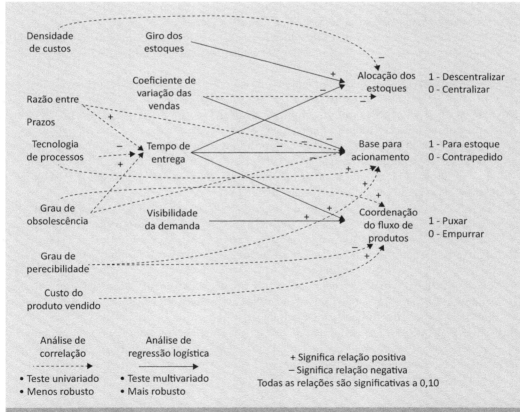

Figura 5.11 Síntese das relações entre variáveis (decisões e características) identificadas na pesquisa de campo.
Fonte: elaborada pelo autor.

fenômeno em estudo. No entanto, os mesmos deixam em aberto uma série de questões relevantes para a compreensão da evolução do fluxo de produtos ao longo do tempo. Apesar de terem sido explorados os impactos de diferentes características do negócio em dado momento, a análise da flexibilidade estratégica permaneceu inexplorada. Por exemplo, questões como o comprometimento e as restrições associados a estas decisões e políticas, bem como o papel dos recursos e dos fatores internos e externos (não recursos) à empresa, não são consideradas pelos modelos apresentados.

LEITURAS SUGERIDAS

BOWERSOX, D. J. et al. *Gestão logística da cadeia de suprimentos.* 4ª. ed. Porto Alegre: AMGH; Bookman, 2015. 472 p.

DELL, M.; FREDMAN, C. *Direct from Dell: strategies that revolutionized an industry.* 2ª. ed. New York: HarperBusiness, 2006. 272 p.

HAYES, R. H.; WHEELWRIGHT, S. C. *Restoring our competitive edge: competing through manufacturing.* New York: John Wiley & Sons, 1984. 427 p.

INMAN, R. Are you implementing a pull system by putting the cart before the horse? *Production and Inventory Management Journal,* v. 40, n. 2 (Second Quarter), p. 67-71, 1999.

JAYARAMAN, V. Transportation, facility location and inventory issues in distribution network design. *International Journal of Operations & Production Management,* [s.l.], v. 18, n. 5, p. 471-494, 1998.

KLEINEMBAUM, D. G. et al. *Applied regression analysis and other multivariable methods.* 5ª. ed. Boston: Cengage Learning, 2013. 1072 p.

MATHEWS, R. ECR: more promise than performance? *Progressive Grocer,* Chicago, n. 64: Annual Report of the Grocery Industry Supplement, p. 26-28, Apr. 1997.

PAGH, J. D.; COOPER, M. C. Supply chain postponement and speculation strategies: how to choose the right strategy. *Journal of Business Logistics,* [s.l.], v. 19, n. 2, p. 13-33, 1998. Disponível em: <https://doc.uments.com/g-supply-chain-postponement-and-speculation-strategies-how-to-choose.pdf>. Acesso em: 11 out. 2018.

PIRES, S. R. I. Gestão da cadeia de suprimentos e o modelo de consórcio modular. *Revista de Administração da USP,* São Paulo, v. 33, n. 3, p. 5-15, jul.-set. 1998. Disponível em: <http://200.232.30.99/busca/artigo.asp?num_artigo=128>. Acesso em: 11 out. 2018.

ROMERO, B. P. The other side of supply management. *Production and Inventory Management Journal,* [s.l.], v. 32, n. 4, p. 1-3, fourth quarter, 1991.

STALK JUNIOR, G. Time: The next source of competitive advantage. *Harvard Business Review,* Brighton, v. 66, n. 4, p. 41-51, July-Aug. 1988. Disponível em: <https://hbr.org/1988/07/time-the-next-source-of-competitive-advantage>. Acesso em: 11 out. 2018.

WATERS-FULLER, N. The benefits and costs of JIT sourcing: A study of Scottish suppliers. *International Journal of Physical Distribution & Logistics Management,* [s.l.], v. 26, n. 4, p. 35-50, 1996.

ZIPKIN, P. The limits of mass customization. *MIT Sloan Management Review,* Cambridge, v. 42, n. 3, p. 81-87, spring 2001.

capítulo 6

Síntese da Pesquisa de Campo

OBJETIVO DO CAPÍTULO

- Responder à pergunta: "Quais características do negócio (produto, operação e demanda) são significativamente correlacionadas com as decisões e as políticas para a organização do fluxo de produtos?"
- Explorar as implicações estratégicas para empresas brasileiras.

SÍNTESE DA PESQUISA

Especificamente, a pesquisa de campo permitiu evidenciar, através de análise estatística multivariada, o papel determinante do tempo de entrega, tanto para a avaliação das decisões, quanto das políticas para a organização do fluxo de produtos. Em um segundo plano, cabe destacar também o coeficiente de variação das vendas e o grau de obsolescência, relevantes, sobretudo, para a avaliação das políticas para a organização do fluxo de produtos; e o giro dos estoques e a visibilidade da demanda, relevantes, sobretudo, para a avaliação das decisões individuais. A tabela 6.1 contém um resumo dos principais resultados da análise multivariada.

Tabela 6.1 Resumo dos principais resultados da pesquisa de campo para a organização do fluxo de produtos.

Decisões ou políticas para a organização do fluxo de produtos		Características estatisticamente significativas
Decisões	Alocação dos estoques	Tempo de entrega; Giro
	Base para acionamento da fabricação	Tempo de entrega; Coeficiente de variação das vendas
	Coordenação do fluxo de produtos	Tempo de entrega; Visibilidade da demanda
Políticas	Proposta de Pagh et Cooper (1998)	Tempo de entrega; Coeficiente de variação das vendas; Grau de obsolescência
	Proposta do Quadro Conceitual do Livro	Tempo de entrega

Os resultados da pesquisa de campo destacam-se de pesquisas anteriores relatadas na literatura com relação:

- À quantificação de relações empíricas (qualitativas) entre as características do negócio e as decisões/políticas para a organização do fluxo de produtos;
- À corroboração dos sinais entre estas relações;
- Ao estabelecimento de modelos de caráter econométrico entre as características e as decisões/políticas;
- Ao teste estatístico de propostas qualitativas para a organização do fluxo de produtos, como as formuladas por Pagh e Cooper (1998), por exemplo;
- A sua condução em empresas brasileiras.

A proposta do quadro conceitual do livro, também testada estatisticamente, expande a proposta de Pagh e Cooper (1998) ao incluir a decisão de coordenação do fluxo de produtos (puxar/empurrar) na combinação de políticas (por exemplo, Empurrar/Descentralizar/Para estoque, Puxar/Centralizar/Contrapedido etc.).

As implicações dos resultados da pesquisa de campo estão relacionadas não apenas às hipóteses que podem ser testadas através de estudos futuros, mas também às novas linhas de pesquisa, derivadas da pesquisa atual. Uma linha de pesquisa futura, por exemplo, estaria relacionada à comparação de como as relações entre as decisões para a organização do fluxo de produtos e as características do negócio podem variar entre as práticas de mercado e as melhores práticas, ou entre o Brasil e outros países. Ainda que os sinais dessas relações, determinados nos modelos quantitativos, corroborem as evidências empíricas descritas na literatura, é possível que seus coeficientes sejam significativamente diferentes quando forem comparadas as práticas de mercado às melhores práticas, ou o Brasil aos outros países.

Essa diferença entre os coeficientes indicaria possíveis diferenças na taxa de mudança ou no peso atribuído a cada uma das características do negócio na tomada de decisão, mesmo que seu sentido (sinal) seja idêntico. Provavelmente, amostras maiores seriam necessárias para evidenciar a significância dessas diferenças do ponto de vista estatístico.

Dessa possível linha de pesquisa futura, emerge uma das principais limitações dos resultados da pesquisa de campo, que é a representatividade. Os modelos logísticos representam as práticas de mercado dos seis setores pesquisados no Brasil, no sentido de entender como as características do negócio afetariam, em média, a organização do fluxo de produtos, não sendo possível a discriminação das melhores ou das piores práticas ou mesmo a comparação com outros países. A representatividade, portanto, demarca as fronteiras da validação externa dos resultados e do potencial gerencial para a utilização dos modelos.

A forte aderência dos resultados previstos pelos modelos quantitativos às decisões correntes dos fabricantes de lubrificantes pesquisados constitui um importante indício de sua validação externa.

Além desses avanços acadêmicos, os resultados da pesquisa de campo também constituem avanços gerenciais, uma vez que possibilitam:

- O direcionamento da atenção dos gestores às características mais relevantes para a tomada de decisão;
- A avaliação de iniciativas gerenciais associadas às decisões ou às políticas para a organização do fluxo de produtos (VMI, ressuprimento enxuto, ressuprimento contínuo, regime de produção *Just in Time*, Modelo Direto da Dell Computers (DELL; FREDMAN, 2006), postergação das embalagens da HP etc.);
- A segmentação das decisões logísticas com base nas características do negócio.

Por exemplo, a partir do modelo quantitativo que relaciona a base para acionamento da fabricação ao tempo de entrega e ao coeficiente de variação das vendas, é possível para os fabricantes analisar as condições do ressuprimento enxuto para seus clientes, dados diferentes valores para essas características. É possível ressuprir pequenas quantidades com elevada frequência (característica fundamental do ressuprimento enxuto, normalmente implicando em curtos tempos de entrega) sem produzir para estoque? Para avaliar essa questão, deve ser observada a previsão fornecida pelo modelo (probabilidade) para dado tempo de entrega e dado coeficiente de variação das vendas. Por outro lado, para quais produtos seria possível produzir contrapedido? Para avaliar essa questão, deve ser construída a linha de indiferença ($p = 0,50$) a partir de diferentes combinações dos valores do coeficiente de variação das vendas e do tempo de entrega.

Em resumo, a principal implicação gerencial dos modelos quantitativos é a possibilidade de orientar e direcionar o planejamento e a tomada de decisão com relação à organização do fluxo de produtos. Por exemplo, observando-se as limitações da pesquisa de campo com relação à representatividade, seria possível através dos resultados da pesquisa de campo: analisar o atual curso de tomada de decisão, identificando oportunidades para correção de rumos e avaliar a sustentabilidade das decisões da empresa a partir de cenários futuros relacionados à evolução das características do negócio.

Em outras palavras, com base nos resultados gerados, os gerentes teriam elementos para diversas tomadas de decisão. Esses resultados constituiriam um ponto de partida ou uma primeira abordagem ao processo decisório, pois, conforme apontado anteriormente, os mesmos não são indicativos das melhores práticas.

SAIBA MAIS

Nos links a seguir você poderá ver o posicionamento de um especialista, bem como ter acesso a mais alguns materiais de consulta.
https://www.youtube.com/watch?v=TILSBC5ITSs
http://www.lalt.fec.unicamp.br/scriba/files/escrita%20portugues/ANPET%20-%20METODOLOGIA%20DE%20ESTUDO%20DE%20CASO%20-%20COM%20AUTORIA%20-%20VF%2023-10.pdf

LEITURAS SUGERIDAS

BRANSKI, R. M.; FRANCO, R. A. C.; LIMA JÚNIOR, O. F. *Metodologia de estudo de casos aplicada à logística*. Campinas: Laboratório de Aprendizagem em Logística e Transportes da Faculdade de Engenharia Civil, Arquitetura e Urbanismo da Universidade Estadual de Campinas, 2010. Disponível em: <http://www.lalt.fec.unicamp.br/scriba/files/escrita%20portugues/ANPET%20-%20METODOLOGIA%20DE%20ESTUDO%20DE%20CASO%20-%20COM%20AUTORIA%20-%20VF%2023-10.pdf>. Acesso em: 14 out. 2018.

DELL, M.; FREDMAN, C. Direct from Dell: strategies that revolutionized an industry. 2ª. ed. New York: HarperBusiness, 2006. 272 p.

FUNDAÇÃO GETÚLIO VARGAS. Um Modelo para Avaliar a Eficiência da Logística no Brasil. *YouTube*, [s.l.], 8 abr. 2013. (3 min 47 s). Disponível em: <https://www.youtube.com/watch?v=TILSBC5ITSs>. Acesso em: 14 out. 2018.

PAGH, J. D.; COOPER, M. C. Supply chain postponement and speculation strategies: how to choose the right strategy. *Journal of Business Logistics*, [s.l.], v. 19, n. 2, p. 13-33, 1998. Disponível em: <https://doc.uments.com/g-supply-chain-postponement-and-speculation-strategies-how-to-choose.pdf>. Acesso em: 14 out. 2018.

Este livro foi produzido com a fonte Bembo regular, 11/13